AF523984

IMPRESSUM
Mit dem Fahrrad vom Atlantik bis ans Schwarze Meer
Auf Glücksuche zwischen Frankreich und Rumänien
Mady Host

Bibliografische Information der Deutschen Bibliothek
Die Deutsche Bibliothek verzeichnet diese Publikation in der deutschen Nationalbibliografie. Detaillierte bibliografische Daten sind im Internet über portal.dnb.de abrufbar.

Redaktion und Lektorat: Christine Walter

Satz und Layout: Serpil Sevim-Haase, Lucas Walter

Bildnachweis: Alle Bilder von Daniel Henneberg, Ingo Host, Mady Host, Cornelia Reinhold, Franka Simon-Host, S. 186: Candy Szengel

Gedruckt und gebunden:
Lensing Druck GmbH & Co. KG | Feldbachacker 16 | 44149 Dortmund
www.lensingdruck.de

ISBN: 978-3-947944-11-8

Hergestellt in Deutschland

360grad-medien.de

Mady Host

Mit dem Fahrrad vom Atlantik bis ans Schwarze Meer

Auf Glückssuche zwischen Frankreich und Rumänien

Inhalt

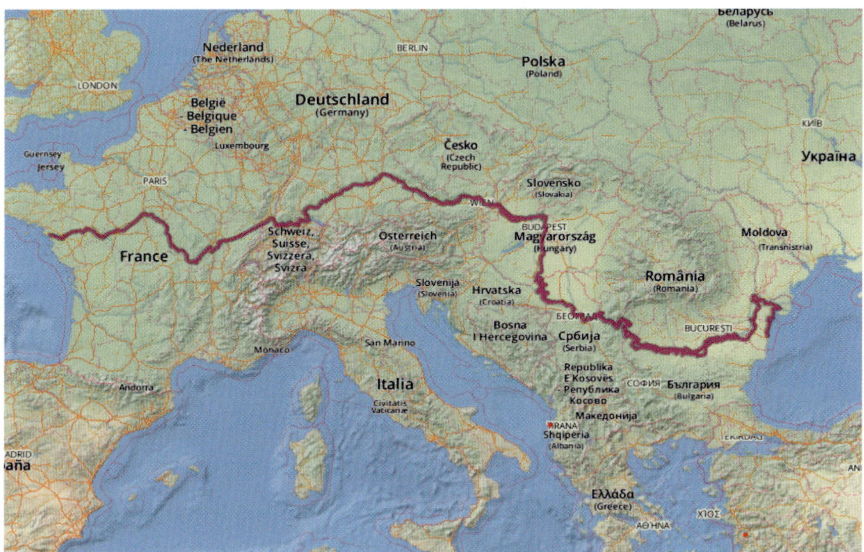

Hinweis:
Wer sich im App Store oder im Play Store die kostenlose „MACHDEBURG – DIE APP" herunterlädt, hat mit der AR-Funktion die Möglichkeit, an verschiedenen Stellen des Buches noch mehr über die Reise zu erfahren. Hinter allen Seiten (Abbildungen/Fotos) mit diesem Logo verbirgt sich ein Video. Also einfach die Machdeburg-App starten, AR-Funktion aktivieren, die gesamte Abbildung erfassen und schon öffnen sich informative Filme.
Viel Spaß!

Vorwort

Mady Host hat eine unglaubliche Reise gewagt – vom Atlantik zum Schwarzen Meer, und das mit Fahrrad – sagenhafte 5000 Kilometer!

Während ich ihren spannenden Bericht lese, denke ich bei jedem Umblättern, bei jedem Kapitel – bitte mehr davon! Bitte nicht ankommen, damit es immer weiter geht.
Obgleich ich der mutigen Radlerin gleichzeitig von Herzen wünsche, dass sie ihr Ziel erreichen wird.

Mich begeistert die farbige Sprache. Mady schreibt so gekonnt, dass ich mir alle Details vorstellen kann, sie bildlich vor mir sehe. Beim Lesen fühlt es sich so an, als sei ich mit dabei, würde leibhaftig ihre Tour erleben.
Die junge Frau ist auf eine sympathische Art neugierig, sie beobachtet genau und scharfsinnig, und versteht es zudem, eine Begegnung, ein Erlebnis, einen Menschen so darzustellen, dass sich das Geschilderte, wie eine Fotografie in einem Entwicklerbad, mit Konturen und Farben zu einem ausdrucksstarken Bild vervollständigt.
Die Autorin kann aber nicht allein bildhaft beschreiben, auch bringt sie Dialoge in eine natürliche Form. Die Gespräche wirken echt, man hört die Menschen beim Lesen sprechen, mehr noch, so wie Mady den Leuten die Wörter in den Mund legt, werden die Personen durch ihre Sprache charakterisiert.
Das Schönste aber ist der Humor der Autorin; er ist nie verletzend, immer fröhlich und köstlich.

Also kurzum: Das Buch von Mady Host besitzt alles, was einen guten Reisebericht ausmacht. Doch damit noch nicht genug – Mady hat sich über die sportliche Leistung hinaus eine Aufgabe gestellt – nämlich Menschen, denen sie unterwegs begegnet, nach dem Glück und deren glücklichen Momenten zu befragen. So erhält ihr Buch neben dem „blauen Faden", als den man die Strecke entlang der Donau und die beiden blauen Farbtupfer Atlantik am Anfang und Schwarzes Meer am Ende ansehen kann, einen zusätzlichen „roten Faden", und damit eine philosophisch-menschliche Tiefe.

Neben ihrem wunderbaren Humor hat mir am besten gefallen, wie sie anderen Menschen begegnet, nicht allein offen und neugierig, sondern mit Aufmerksamkeit, Zuwendung und Wärme!

Ein klasse Buch! Wenn man schon nicht ihr Reisepartner sein kann, dann wenigstens ein Leser ihres Buches.

Carmen Rohrbach
carmenrohrbach.de

Vor der Reise ...

Ich schließe meine Augen und in meiner Fantasie taucht ein Bild von mir auf. Ganz klar, gestochen scharf und in kräftigen Farben sehe ich mich selbst: Braungebrannt, mit kernigem Gesicht und wohl trainierten Beinen stehe ich im Sportshirt vor endlos blauer Kulisse. Das Schwarze Meer, eine weite Fläche ohne erkennbares Ende, gestaltet das Foto vor meinem geistigen Auge. Neben mir steht brav mein weißes Fahrrad. Der Helm, der mir auf knapp 5000 Kilometern die Frisur zerstört hat, baumelt am Lenker, meine Ponyfransen kleben mehr an meiner Stirn, als dass sie mir attraktiv verspielt ins Gesicht fallen. Das macht mir aber überhaupt nichts aus, im Gegenteil, ich lächle, in die Kamera und in die Welt. Ich sehe glücklich aus, der Stolz über die geschafften Kilometer steht mir ins Gesicht geschrieben und die Freude über meine erlebten Abenteuer und die Erinnerung an die dabei gemachten Bekanntschaften lassen mich strahlen. Glück.

Ich öffne meine Augen, das Bild verblasst und ich spüre die Kühle des Autofensters an meiner Stirn, die vorbeisausenden Fahrzeuge zeichnen ein

Anreise mit meinem Vater Ingo

verschwommenes Bild aus Licht in die Dunkelheit, während unser Motorengeräusch seinen akustischen Beitrag leistet zu diesem Kunstwerk der Nacht, meiner Nacht, der Nacht, in der mein großes Abenteuer beginnt.
Mein Vater Ingo und seine Frau Franka fahren mich zum Ausgangspunkt meiner Reise. Für diese Tour habe ich mich entschieden, weil ich genau eines will: Europa aus eigener Kraft durchfahren, auf einem Weg, der unterschiedlichste Länder miteinander verbindet. Ich will verschiedene Sprachen hören, neue Kulturen erleben, lebendigen Geschichtsunterricht erfahren und meine eigene Geografiestunde konzipieren. Ein Kontinent, der im Größenvergleich unserer Erdteile klein abschneidet, sich dabei aber aus so zahlreichen unterschiedlichen Ländern zusammensetzt, muss einfach erkundet werden.

Für mein Vorhaben gibt es wohl kaum einen besseren Radweg als den, der sich mit der Bezeichnung „ausgesprochen beliebt“ schmückt. Der EuroVelo 6 zählt zu den besonders weit ausgebauten Strecken von mehreren Routen des EuroVelo-Netzwerks. Er ist auch bekannt als Flussroute und wird mich auf etwa 5000 Kilometern von West nach Ost, von der französischen Atlantikküste bis zur rumänischen Schwarzmeerküste durch zehn Länder führen.

Die Strecke entspricht in Frankreich zunächst dem Loire-Radweg, führt dann in die Region Burgund, in das südliche Elsass sowie durch das Sâone- und Doubstal. Anschließend ebnet der Rhein-Rhône-Kanal den Weg nach Basel, von wo aus es nördlich nach Tuttlingen geht. Ab hier folge ich dem Donauradweg bis zu meinem Ziel. Dieser mächtige Fluss geleitet mich nicht nur durch Deutschland, sondern auch weiter durch Österreich, die Slowakei, Ungarn, Kroatien, Serbien, Bulgarien und zuletzt Rumänien.

Den ersten Teil der Reise werde ich allein meistern, dann wird mich für einige Tage mein Sandkastenfreund Daniel begleiten und von Ungarn aus geht es mit meiner Freundin und Kamerafrau Cornelia bis ans Ziel Constanța am Schwarzen Meer. Auf meinem Weg werde ich nicht nur die Kontraste erfahren, die das Allein- und zu zweit Reisen mit sich bringen, sondern vor allem die Diversität in Landschaft, Infrastruktur, Architektur und in den Kochtöpfen von Frankreich bis Rumänien beobachten.

Und die Menschen? Welche Mentalitätsunterschiede werde ich ausmachen? In den Portemonnaies der Franzosen wird durchschnittlich mehr Füllung sein als im Geldbeutel des rumänischen Dorfbewohners, der mir vom Straßenrand

Die ersten Tage in Frankreich unterwegs

aus zuwinkt. Spielt das eine Rolle, wenn es um das Glücksempfinden eines Menschen geht? Ich werde genauer hinsehen, auch nachfragen und fürs Fotoalbum festhalten, was zwischen Atlantik und Schwarzem Meer zum Glück dazu gehört. Falls mir jemand interessant erscheint, zu dem ich mir gezielt Zugang wünsche, werde ich zu meinem Hilfsmittel, dem „magic letter", meinem „magischen Brief", greifen. Für jedes Land, das nicht deutschsprachig ist, habe ich nämlich einen Zettel dabei, der mich vorstellt und mein Interesse am Glück bekundet, natürlich in der jeweiligen Landessprache.

Das Leben ist zu kurz zum Unglücklichsein. Also, ab auf den Fahrradsattel und los geht es …

Als ich am letzten Maitag an der französischen Atlantikküste in Richtung der westfranzösischen Großstadt Nantes losrolle und meiner Familie zum Abschied winke, habe ich bereits meine erste Antwort: Diese Menschen, die sich liebevoll um mich kümmern, machen mich glücklich. Sie sind bei mir. Ganz gleich, ob wir uns sehen können oder aus der Ferne aneinander denken. Ich kehre ihretwegen immer wieder gern nach Hause zurück.

Aber bis dahin wird es noch dauern und ich freue mich auf eine Reise, die vor mir liegt, inklusive aller Ungewissheiten, die das individuelle Unterwegssein mit sich bringt. Morgens nicht zu wissen, wo ich abends schlafe und keine Idee davon zu haben, welchen Menschen ich begegnen werde, liebe ich. Diese Art des Reisens steht im Kontrast zu meinem ansonsten recht durchstrukturierten Alltag mit terminlichen Verbindlichkeiten, die teilweise sogar schon ein, zwei Jahre im Voraus feststehen. Wenn ich in den nächsten Wochen allmorgendlich mein Fahrrad in Bewegung bringe, indem ich die Füße auf die Pedale setze und losfahre, rolle ich also nicht nur in die Welt, sondern lasse die Welt auch auf mich zukommen.

FRANKREICH – Auf dem Loire-Radweg vom Atlantik nach Nevers ... rund 700 Kilometer

Wie heißt es so schön? Aller Anfang ist leicht. Auch wenn ich ganz allein auf mich und meine mangelnde Orientierungsfähigkeit gestellt bin, so fällt mir der Start in mein Radlerabenteuer überhaupt nicht schwer. Der Radweg ist grundsätzlich gut beschildert, und wenn ich mich doch einmal verfahre, so kann ich dieses Defizit mit meiner Kommunikationsstärke ausgleichen: Ich spreche die Landessprache ausreichend gut, dass es genügt, durchzukommen und mich sogar etwas zu unterhalten. Auf Navigationstechnik möchte ich weitestgehend verzichten, meine wasserabweisenden bikeline-Radkarten sowie mein gesunder Mund, der gerne fragt, sollen mir für die Orientierung genügen. Ich hoffe, das geht gut und ich lande nicht plötzlich in Norwegen statt an der Schwarzmeerküste …

Zelten in Frankreich – mein Zuhause

Der Loire-Radweg selbst macht es mir auch leicht, ihn zu mögen, denn er ist vor allem aufgrund seiner ursprünglichen Landschaft, die ihn umgibt, reizvoll. Die Loire gilt als einer der letzten ungezähmten Flüsse Europas. Sie ist für größere Schiffe überwiegend zu seicht, so darf sie fließen, wie es die Natur ihr vorgibt. Hin und wieder verlässt der Weg den Fluss und gräbt sich in die Weinberge, was mich nicht selten in den ersten Gang herunterschalten lässt, manchmal sogar – ich gebe es nur ungern zu – auch ein Stück keuchend zum

Schieben zwingt, mit 25 bis 30 Kilogramm Gepäck aber eigentlich auch kein Wunder. Alles in allem macht Fidibus, so habe ich mein Trekkingrad während meiner heimischen Trainingsfahrten getauft, vom ersten Kilometer an einen guten Job. Ich sitze vor dem Zelt und wünsche mir, dass es weiter so gut laufen wird, wie es das gerade tut. Ich bin schnell im Hier und Jetzt meines Radlerabenteuers angekommen: Wenn ich nicht gerade fahre, pausiere ich, wechsele hier und da ein paar Worte, als würde ich es schon lange so tun. Ja, meinen Reiserhythmus habe ich gefunden. „Einfach machen" wird schnell zu meinem Motto. Ich spüre keine Einsamkeit, weder auf der Strecke noch beim Kochen am Zelt. Die Dinge sind, wie sie sind, und sie sind gut. Ja, darüber bin ich glücklich.

Und damit bin ich augenscheinlich nicht allein. In Le Thoureil, einer winzigen Ortschaft mit rund 450 Einwohnern, die keine zweihundert Kilometer von meinem Tourstart, nahe dem Atlantik, entfernt liegt, muss ich einfach stoppen, als ich auf der Loire-Uferpromenade einen liebevoll gestalteten Eiswagen mit rot-weißer Markise entdecke. Ich beobachte die Menschen, die fröhlich schnatternd anstehen, und den Verkäufer. Er lächelt, hat für jeden Kunden ein freundliches Wort auf den Lippen. Seine kullerrunde Brille, das weiße Käppi und die blau-weiß karierte Hose stehen ihm ausgezeichnet und unterstreichen seine sympathische Erscheinung. Während er Eiskugeln in Waffeln schaufelt, stelle ich mein Fahrrad ab und will gerade meine Kamera aus der Tasche holen, als mich eine quirlige Frau um die Vierzig im perfekten Englisch anspricht. Sie fragt nach dem Woher und Wohin und erzählt dann genauso ausgiebig wie zügig, dass sie einige Jahre in Paris lebte, dort im Onlinemarketing tätig war und jetzt ganz in der Nähe dieses Ortes ihr Zuhause habe und Bootstouren auf der Loire anbiete.

Glücklicher Eisverkäufer

„Gestern war ich zwölf Stunden auf dem Wasser", erklärt sie mir, während ich die Kamera startklar mache.

„Das klingt toll", freue ich mich.

Der Eisverkäufer hat gerade Leerlauf und gesellt sich zu uns. Ich erzähle ein wenig von mir und meiner Reise. Meine Gesprächspartnerin und der Eisverkäufer kennen sich und wechseln plötzlich einige rapide gesprochene Worte in ihrer Landessprache. Dabei werfen sie einen Seitenblick auf mich und zwinkern einander zu. Dann lotst mich Henricus, wie sich der Eismann vorgestellt hat, zu seinem Wagen, öffnet das mit einer goldenen Abdeckung geschützte Eisfach. Er taucht seinen Portionierer in die kalte Masse, während sich die ehemalige Pariserin Patricia meine Kamera schnappt. Ich weiß, dass sie damit etwas Gutes vorhat, will aber dennoch nachhaken, was. Per Fingerzeig auf ihren geschlossenen Mund bringt sie mich allerdings zum Schweigen. Henricus tritt hinter seinem Wagen hervor, holt mich an seine Seite und drückt mir eine gefüllte Eiswaffel in die Hand. Patricia, die einige Meter vor uns Stellung bezogen hat, betätigt den Auslöser. Ich lache. Henricus freut sich: „Siehst du, du lächelst, weil ich dir ein Eis geschenkt habe. Und da ich dir eine Freude machen konnte, bin nun auch ich glücklich."
„Schön, dass die Überraschung gelungen ist", schaltet sich Patricia ein und gibt mir die Kamera zurück.
„Natürlich verschenke ich mein Eis nicht immer an die Leute, aber die Reaktion der Menschen ähnelt deiner. Mein Job ist positiv besetzt, und Passanten, die sich an einem sonnigen Tag ein Eis kaufen, sind in den meisten Fällen glücklich, spätestens, wenn die kalte Köstlichkeit auf ihren Zungen schmilzt", grinst mich der Mann mit dem Glücksjob zufrieden an.
„Das glaube ich Ihnen", erwidere ich, „Ihr freundliches Lächeln strahlt über die ganz Uferpromenade", füge ich auf Englisch an.
„Zeit für einen Abstecher zum Wasser", entführt mich Patricia auf eines der traditionellen Loire-Holzschiffe, an deren Mast sich ein Segel spannen lässt. Zusammen mit ihrem Kollegen bietet sie mehrstündige Touren an. Gern fährt sie mit den Gästen flussaufwärts und lässt sich dann mit ihnen still zurücktreiben. Die daraus entstehende Ruhe, in die sich nur die Geräusche der Natur mischen, führt sie ganz bewusst herbei.
„Das ist meine Meditation", erklärt sie, während sie sich ans Steuerrad stellt und mir sanftmütig zulächelt, die Krempe ihres Hutes wirft einen leichten Schatten auf Gesicht, Hals und Dekolleté.

Der Loire-Radweg stattet charmanten Orten wie Saumur, dessen Schloss aus dem 14. Jahrhundert hoch über dem Fluss thront, genauso einen Besuch ab wie Souzay-Champigny, einer Gemeinde sechs Kilometer östlich von Saumur. Souzay verfügt über ein Netz von unterirdischen Straßen, die bereits im 11. Jahrhundert in den Stein geschlagen worden sind, die Einkaufsstraße mit Geschäften in den einzelnen Höhlen wurde sogar noch bis zum Beginn des 20. Jahrhunderts genutzt. Die Wegführung beeindruckt mich so sehr, dass ich meinen Fidibus schiebe, was zudem meine Beinmuskeln schont. Der recht steile Radweg geleitet mich zunächst durch eine Öffnung direkt in den Felsen, der sich in einem Bogen über mich spannt. Das Gestein, was an arglos zerknülltes Papier erinnert, erstreckt sich nicht durchgängig über den Weg, sodass das Tageslicht noch immer eine Chance hat, sich zu zeigen. Ich gehe an zugemauerten Eingängen vorbei und kann die einstmals hier ansässigen Geschäfte erahnen. Dann, entlang einer mit Efeu bewachsenen Mauer, verläuft der schmale Weg wieder ganz unter freiem Himmel. Wenig später wird es dann aber doch noch einmal recht dunkel, und einige in den Boden eingelassene Strahler müssen für Helligkeit sorgen. Es sind nicht nur die schattigen, teils recht finsteren Wegstücke, die mich begeistern, sondern auch das Flair des Ortes. Ich begegne hier niemandem, fühle mich aber dennoch gut aufgehoben, vor allem zwischen hellen Steinhäusern, von deren Mauern üppiges Grün mit roten Blüten fällt.

Radweg in der Nähe von Saumur

Ich rolle weiter und komme in Turquant mit einem Künstler ins Gespräch, der sein Atelier mitten im Felsen hat. Als wir seinen Arbeitsort betreten, fahre ich mir über die Gänsehaut auf meinen Armen. Er teilt mir mit, dass er sich nach eineinhalb Jahren an die Kälte gewöhnt hat und dass das Glück darüber, etwas zu erschaffen und dies dann sogar zu verkaufen, die Sorge um kalte Finger deutlich übertrifft. Seine Augen lächeln, während er sich über eine Werkbank beugt. Der Franzose, der noch keine Dreißig sein kann, trägt sein langes gewelltes Haar zum Zopf gebunden und erklärt mir, dass diese Region für ihre „troglos" bekannt sei – so finden sich Restaurants, Galerien, ja sogar Hotels in Höhlen. Er empfindet es als großes Glück, auf diesem Fleckchen Erde kreativ arbeiten zu können. Ich verstehe, wovon er spricht, sehe mich noch einmal um, als ich Fidibus aus dem Eingangsbereich schiebe.
An diesem Ort entsteht nicht nur Kunst, sondern der Bau selbst ist ein Kunstwerk. Dichter Efeu fällt vom Felsen, in den Fenster und Türen, Räume und Flure geschlagen wurden. Etwas Neues, Besonderes kennenzulernen, macht mich heute glücklich. Ich bin mir meines Privilegs, diese Reise machen zu können, bewusst und empfinde es als großes Glück, interessanten Menschen wie dem Künstler begegnen zu dürfen. Neben der Spontaneität, die ich auf Reisen ohne vorgebuchte Übernachtungsorte so sehr schätze, ist es vor allem der Zugang zur Bevölkerung, weshalb ich gern per Fahrrad oder auch als Rucksackreisende umherziehe. Wenn ich mit meinem bepackten Fidibus vorfahre, öffnet sich manche Tür. Auch mein kreativer Gesprächspartner hatte mich gleich neugierig angelächelt, als ich mich dem Eingangsbereich näherte. Allein die Tatsache, dass ich mein Gepäck und auch mich selbst auf einem unmotorisierten Zweirad befördere, scheint die Botschaft „Ich komme in Frieden" auszusenden.

Mein Finger fährt über das glatte Material meines Tourenbuches und bleibt an einem wohlklingenden Namen hängen: Chambord. Als ich mich vor meiner Reise mit der Loire-Region befasst habe, bin ich einem Schloss nämlich immer wieder begegnet: dem „Château de Chambord", welches das größte und wohl auch prächtigste aller Schlösser an der Loire ist. Der Renaissancebau wurde von der UNESCO zum Weltkulturerbe ernannt.
Ich freue mich sehr darauf, diese Meisterleistung menschlicher Baukunst zu besuchen, und versuche mir das nasse Wetter schönzureden, als ich bei kaum mehr als zehn Grad Celsius mein klitschnasses Zelt verstaue. Den Beschilderungen nach Chambord folgend, gelange ich an eine Stelle, welche auf einmal in die entgegengesetzte Richtung verweist. So bitte ich einen Passanten, mir

auf meiner Karte zu zeigen, wo ich mich gerade befinde. Als er blättern will, weil ich offensichtlich nicht einmal annähernd da bin, wo ich hoffe zu sein, lasse ich die Schultern dann doch ziemlich enttäuscht hängen. Ich triefe vor Nässe, mir ist kalt und meine Finger erinnern an ungekochten Spargel, so steif fühlen sie sich an. Ich dachte eigentlich, Halbfingerhandschuhe im Juni seien ausreichend … Ich weiche auf eine mäßig befahrene Landstraße aus, die mir aufgrund des Regens und der schlechten Sicht nicht gerade als sicherster Weg für eine Radfahrerin erscheint, und bemühe dann noch mal Google Maps. Ein wenig irre ich noch umher, auch weil die Internetverbindung mir in einem waldreichen Abschnitt verloren geht, und werde für meine Mühen entlohnt, als sich das Schloss dann recht plötzlich vor meinen Augen empor reckt. Es ist wirklich gigantisch, mir stockt der Atem vor Überraschung über diese immense Menge an Pracht, wenn auch in einen Regenschleier gehüllt. Zusammen mit etwa fünfzig Erstklässlern in kleinen gelben Fahrradwesten erreiche ich die gepflegten Grünanlagen, die das Schloss säumen. Ich überlege, ob ich hineingehe. Der Renaissance-Bau, in dem auch Leonardo da Vinci seine Spuren hinterlassen haben soll, ist gigantisch. Die stolze Anzahl von 440 Räumen und 84 Treppen belegen die Ausmaße. Aber auch von außen gibt es einiges zu bestaunen, der Schlosspark muss sich seiner Größe von etwa 5500 Hektar nämlich auch nicht schämen, er nimmt damit nahezu die gleiche Fläche wie Paris ein. Auf einem kleinen Teich treiben sogar Boote.

Château de Chambord

Die offensichtliche Schönheit dieses Bauwerks spricht dafür, auch einen Blick ins Innere zu werfen, mein eiskalter, nasser Körper und die steifen Finger legen aber ein Veto ein. Die unbeantwortete Frage „Wohin mit Fidibus und Gepäck?“ gibt den Ausschlag, nach kurzer Erkundung der Außenanlage weiterzufahren. Das Flair dieses Ortes, das ich trotz der unangenehmen Wetterbedingungen gespürt habe, soll mir als Erinnerung genügen. Noch ahne ich nicht, wie weise diese Entscheidung ist und wie sehr ich einen zeitlichen Puffer bis zum Einbruch der Nacht heute noch brauchen werde …

Zunächst benötige ich aber erst einmal Energie für meinen durchnässten Radlerkörper und mache Rast in Beaugency, einer Stadt, die aufgrund ihrer Loirebrücke mit 22 gotischen Bögen und einer Länge von 440 Metern bekannt ist. Lange war sie der einzige Übergang zwischen Orléans und Blois. In der Stadt selbst bedaure ich den noch immer niederprasselnden Regen, denn dieser Ort gilt als beeindruckendes Beispiel mittelalterlicher Militärarchitektur in Frankreich. Mir gefällt das Stadtbild, und ich würde gern mehr sehen als die nasse Welt außerhalb der Bäckerei, an deren Fenster ich nach draußen blicke, während ich mir ein Mandelcroissant und heiße Schokolade schmecken lasse. Auch wenn es keine Sitzgelegenheiten gibt, lässt mich die Bäckersfrau gewähren, so lange, bis ich zum Supermarkt um die Ecke rollen kann.

Es ist kurz vor 15 Uhr und die Ladenöffnung steht unmittelbar bevor. Mit mir warten eine Gruppe Teenie-Jungs, eine freundlich wirkende Omi und ein Pärchen mittleren Alters, das mich immer wieder anlächelt. Während ich einkaufe, wartet Fidibus voll beladen vor der Tür, nur die Lenkertasche habe ich abgeknipst. Aus Sorge um mein Hab und Gut wollte ich eigentlich auch immer die komplette und fest verstaute Kameraausrüstung, vielleicht sogar das hochwertige Zelt mitnehmen, wenn ich das Rad zum Einkaufen abstellen muss, aber hier an diesem beschaulichen Ort habe ich eher das Gefühl, die Menschen würden auf mich aufpassen, als irgendetwas Böses im Schilde zu führen. So verhalte mich ausnahmsweise mal etwas lockerer.

Das Alleinreisen selbst funktioniert gut für mich, aber Dinge wie unbeschwert einkaufen, Sehenswürdigkeiten von innen anschauen, in freier Wildbahn zelten, mit vier statt mit zwei Augen auf Wegverlauf und Verkehr größerer Städte schauen – all das habe ich als Alleinreisende nicht. Mein Multitasking ist schon in mancher Stadt auf die Probe gestellt worden: Route finden beziehungsweise behalten, nicht umfahren lassen, selbst nicht umfahren, Sehenswürdigkeiten entdecken, filmen, fotografieren, dabei noch einen Seitenblick riskieren, ob nicht irgendwo ein Lebensmittelgeschäft zu finden ist … Aber es geht und wird mit jeder Stadtpassage auch etwas leichter.

Nach Verlassen des Ortes komme ich gut voran und freue mich aufs Erreichen meines Tageszieles Orléans. Der Regen pausiert sogar ein Weilchen und der Fahrtwind gibt meiner Kleidung die Chance, etwas trockener zu werden. Voller Vorfreude stelle ich mir vor, wie ich auf dem Campingplatz in meinem gemütlichen Zelt sitze, erst heiße Nudeln zu warmem Tee löffele, mir dann als Dessert einen süßen Tassenpudding zubereite. Ich werde nicht allzu spät ankommen, kann nach dem Tagebuchschreiben bestimmt noch viele Seiten meines Krimis lesen, vielleicht sogar besonders zeitig schlafen gehen … Meine Gedanken werden vom erneut einsetzenden Regen ertränkt. So kurz vorm Ziel! Gemein. Kurz vorm Ziel? Pustekuchen! Ich muss meine Karte wohl falsch gedeutet haben, denn ich biege am Stadtrand von Orléans zu früh ab und wundere mich über die kleine Nebenstraße, in der ich mich plötzlich befinde. Ein erneuter Blick auf den Plan lässt mich ernsthaft zweifeln, ob das stimmen kann. Ich sehe mich nach Fußgängern um, aber bei dem Mistwetter ist hier niemand unterwegs, nur ein Autofahrer rollt gerade los und hinterlässt eine Lücke, hinter der eine geöffnete Haustür sichtbar wird. Darin steht ein weißhaariger Mann und winkt seinem abreisenden Besucher hinterher. Ich stoppe und nutze die Gelegenheit, ihn nach dem Weg zum Campingplatz in Orléans zu fragen, dabei wische ich die Tropfen auf der transparenten Regenhülle meiner Lenkertasche beiseite und deute auf den anvisierten Punkt.
„Wollen Sie nicht erst einmal auf einen heißen Kaffee reinkommen, Sie sind ja ganz nass“, lautet seine Antwort. „Mein Name ist Jean“, fügt er dann noch lächelnd an.
Ich mustere den Mann, höre kurz auf mein Bauchgefühl, das grünes Licht gibt, und nicke dann. Er stößt die Tür auf und gibt mir zu verstehen, dass ich mein Fahrrad samt Gepäck einfach hineinschieben soll. Wir befinden uns in einem länglichen Schuppen, von dem aus wir scharf abzweigen und in einer urgemütlichen Essküche landen. Auf einem riesigen massiven Holztisch stehen ein Teller mit Käse, eine Schüssel Tomaten, eine Tüte mit Backwaren, benutzte Weingläser und Tassen sowie leere Weinflaschen – Zeugen des Essens, was hier gerade erst stattgefunden haben muss. Ich nehme die Einladung, Platz zu nehmen, dankbar an und erfahre von Jean, dass er Familienbesuch hatte, der gerade erst wieder abgereist ist. Ich lege meine Hände um die Tasse, die mir mein Gastgeber hingestellt hat. Jeans Französisch ist für mich sehr gut zu verstehen, sodass ich schnell einiges über ihn erfahre. Er deutet auf das Geschirr vor uns und erklärt mir, dass er Familie auf Korsika hat.
„Sie waren zu Besuch und haben Wein mitgebracht. Von dort kommen nämlich die besten Weine der Welt“, klärt er mich stolz auf und lächelt glücklich.

„Was macht Sie denn besonders glücklich?“, will ich wissen.
„Das ist einfach“, erwidert Jean prompt. „Hinter mir liegen Tage voller Glück. Ich habe für alle gekocht, wir haben zusammen gesessen, geplaudert und den besten Wein von der schönsten Insel getrunken. Ich liebe Korsika, die Landschaft, die Gerüche – alles an der Insel macht mich froh. In diesem Jahr war ich mit meinem 16-jährigen Sohn dort. Wir sind in unserem Oldtimer über die Insel gefahren. Das war pures Glück, wir zwei Männer in diesem Auto, auf einem zauberhaften Fleckchen Erde.“
Er bietet an, mir sein Auto nach dem Kaffeetrinken zu zeigen, es stehe hinter dem Haus, unter seinem Carport. Ich nicke begeistert und erfahre noch, dass er eine Frau hat, die um einiges jünger ist als er und aus Peru stammt. Der gemeinsame 16-jährige Sohn spreche aber kaum Spanisch, sondern nur die Sprache seines Wohnlandes Frankreich.
„Leider haben Sie meine Frau verpasst“, erklärt mir Jean, „Sie ist gerade in der alten Heimat, weil ihr Vater gestorben ist. Ansonsten leben wir hier gemeinsam und sie arbeitet im Krankenhaus.“
Er denkt nach und fügt an: „Natürlich war auch der Tag unserer Hochzeit ein sehr glücklicher, ja, das war ein bedeutender Höhepunkt in meinem Leben. Es ist normal, dass – und ich meine das keinesfalls negativ – irgendwann der Alltag einkehrt, und in diesen mischen sich dann immer wieder Highlights, zum Beispiel der Familienbesuch oder die Inselrundfahrt mit meinem Sohn.“
Wie auf ein Stichwort erscheint selbiger in der Küche und begrüßt mich mit Wangenküssen. Das schwarze Haar und die ebenso dunklen Augen verraten die Herkunft seiner Mutter.
Nachdem ich den besten Kaffee meines Lebens ausgetrunken habe, gehen Jean und ich nach draußen, wo er mir sein Liebhaberstück zeigen möchte. Sorgsam hebt er die Plane an, rollt sie zur Seite, bis ich das Prachtexemplar bewundern kann. Es ist ein Fahrzeug der Morgan Motor Company, britischer Sportwagenhersteller, der im Jahr 1909 von Harry Frederick Stanley Morgan gegründet worden ist. Vor mir glänzt der dunkle Lack des edlen Cabrios, an dessen Seite Jean gern fürs Foto posiert.
Auch wenn ich mich pudelwohl bei meinem sympathischen Gastgeber mit der runden Brille, den weißen Haaren und dem gestreiften Longsleeve fühle, so ist es an der Zeit weiterzuziehen, obwohl es leider immer noch regnet. Jean malt mir den kürzesten Weg zum Campingplatz auf ein Stück Papier und öffnet die Haustür. Ich drücke ihm noch eine Magdeburg-Postkarte, einen Gruß aus meiner Heimat, in die Hände und parke aus. Solche kleinen Souvenirs habe ich auf jeder Reise dabei, sie schaffen eine Verbindung zu meinem

Der glückliche Jean an seinem Morgan

Wohnort und sind der visuelle Zugang, mit dem ich zeigen kann, woher ich komme und wie es dort aussieht.

Während ich Fidibus nehme, um ihn rückwärts aus dem Schuppen zu schieben, knackt es plötzlich und mein Fahrradständer, der schon erste Spuren eines Defekts gezeigt hatte, bricht vollends ab und liegt traurig zwischen meinem Rad und mir. Jean und ich nehmen es mit Humor, mein Gastgeber hebt das kaputte Teil auf und ich entgegne lachend: „Nun haben Sie noch ein Souvenir von mir."

Als ich wieder auf der Straße bin und der Route folge, die mir Jean aufgezeichnet hat, freue ich mich über meinen Makel in puncto Orientierung, denn was entginge mir nur, wenn ich mich nicht verfahren würde … Manchmal haben eben auch Schwächen ihre Stärken.

Die selbstgemalte Karte ist jedenfalls großartig und ich erreiche schnell die Stelle, an der laut meiner Fahrradkarte der Zeltplatz sein müsste. Ich rolle am Loire-Ufer vor und zurück, einmal, zweimal, dreimal, kann jedoch partout keinen Campingplatz ausmachen. Das gibt es doch nicht! Ich frage Jogger, Fußgänger, biege sogar zur nächsten Straße ab, um mich bei einem Autofahrer zu erkundigen. Ich weiß nicht, wie lange ich schon umherirre, als eine junge Frau, die Englisch mit mir spricht, ausführlich auf ihrem Smartphone recherchiert und dann eine Nummer anruft, von der wir beide der Meinung sind, sie gehöre zum Campingplatz, der nahezu vor unserer Nase sein müsste.

Wir erfahren, dass er erst ab dem 22. Juni geöffnet hat, was erklärt, warum wir ihn nicht sehen, da das Areal noch komplett abgeriegelt und winterfest gemacht und damit nahezu versteckt ist. „Was mache ich denn jetzt?“, frage ich mich und fahre langsam Richtung Innenstadt, denn an eine Weiterreise bis zum nächsten Platz ist gar nicht zu denken, angesichts der abendlichen Tageszeit.

So viel zum Thema „Heute steht das Zelt mal zeitig“. Momentan fühlt sich der Grund, weshalb ich so gern individuell reise, also weil ich mich gern überraschen lasse, eher negativ als positiv an. Die Kehrseite der Medaille, die Seite, die mich mehr fordert als fördert, liegt oben. Allein unterwegs zu sein, ist aufregend, macht mir Spaß und hat bisher ja auch gut funktioniert, aber wenn es eben mal nicht so läuft, kippt die Stimmung doch ein wenig. Meine Optionen sind zudem weniger, als sie es in Zweisamkeit wären, denn dann würde ich Wildniscamping in Erwägung ziehen. Aber allein begebe ich mich auf gar keinen Fall in ein nasses Gebüsch am Stadtrand, dafür fehlt mir der Schneid. Es bleibt also nur, irgendeine Form von touristischer Unterkunft zu finden.

Glücklicherweise entdecke ich bald ein Hotel, sehe aber keinen geeigneten Ort, an dem ich mein Rad, das ohne Ständer nun nicht mehr überall ausharren kann, sicher zu parken. So schiebe ich Fidibus in die Lobby, tropfe erst den Boden, dann den Tresen mit meinen Jackenärmeln voll, als ich mich zur Rezeptionistin hinüberbeuge und nach einem Zimmer frage. Nicht nur dieses Hotel ist restlos ausgebucht, sondern auch eine Handvoll anderer, welche die freundliche Frau für mich abtelefoniert. Ich schraube mein Maximalbudget zwangsläufig nach oben und sie findet ein freies Zimmer in der Nähe, was sie noch von 85 auf 80 Euro heruntergehandelt bekommt. Dank ihrer Wegbeschreibung finde ich es schnell und werde von einer jungen, perfekt geschminkten Mitarbeiterin freundlich begrüßt. Fidibus darf in den Haushaltsraum, in dem die Rezeptionistin ihn geduldig festhält, während ich alle Taschen entferne. Ich hinterlasse eine dicke Spur aus nassem Dreck, als ich am Fahrstuhl zum Stehen komme und den Knopf drücke. Zusammen mit all meinen Taschen, die ich mir an jedes erdenkliche Körperteil gehängt habe, quetsche ich mich hinein und fahre nach oben.

Es ist 20 Uhr, als ich die Taschenriemen, die sich trotz des nur kurzen Weges tief in meine Schultern geschnitten haben, von mir streifen kann. Ich lasse mich auf das Bett fallen, atme einige Male erleichtert durch und schäle mich dann aus den Klamotten, um mich auf den Weg unter die heiße Dusche zu machen. Anschließend möchte ich wenigstens einen meiner Pläne in die Tat umsetzen, erhitze Wasser und bereite mir den ersehnten Tassenpudding zu. Na bitte, geht doch!

Am nächsten Morgen bin ich schon um 7 Uhr wach, obwohl ich erst zur Geisterstunde das Licht ausgeschaltet habe. Ich fühle mich noch müde, kann aber auch nicht mehr einschlafen. So schaut mir aus dem Badezimmerspiegel ein recht zerknautschtes Gesicht entgegen. „Dann wasche ich dich eben, wenn du nicht mehr schlafen willst“, grummele ich mein Abbild an und beschließe, die Zeit gut zu nutzen und mir Orléans anzuschauen.

Fidibus und mein Gepäck dürfen nach dem Auschecken im Hotel lagern, sodass ich unbeschwert und zu Fuß losziehen kann.

Die Stadt liegt am nördlichsten Punkt des Laufs der Loire und ist mir vor allem wegen Jeanne d`Arc, der Jungfrau von Orléans, bekannt. Unter Karl dem Großen erblühte die Stadt zu einem geistigen Zentrum, in dem im Jahr 1305 die erste Universität gegründet wurde. Im Laufe der Zeit erlangte Orléans so große Bekanntheit, dass man diesen Ort sogar als Hauptstadt Frankreichs betrachtete. Die Jungfrau von Orléans kam ins Spiel, als die Engländer die Stadt in den Jahren 1428/29 für fünf Monate belagert hatten, denn Jeanne d`Arc bekämpfte mit ihren Mannen die Eindringlinge erfolgreich und zog am 8. Mai 1429 als Nationalheldin in die befreite Stadt ein.

Nahe ihrer Statue, die sie auf einem hohen Sockel zu Pferd zeigt, lerne ich einen jungen Mann kennen, der hochkonzentriert über eine Sandskulptur

Besuch bei Jeanne d`Arc

Die wilde Loire

gebeugt kniet und sorgfältig mit Küchenmesser und Pinsel ein Kunstwerk schafft, das ich jetzt schon als zwei schlafende Hunde erkennen kann. Offensichtlich sitzt er hier bereits seit einigen Stunden.

Neugierig zu erfahren, wer er ist, spreche ich ihn auf Französisch an, woraufhin er nur mit wenigen Worten gebrochen reagiert. Mit Englisch geht es auch nicht besser, wohl aber auf Spanisch, das sei seine beste Fremdsprache, erfahre ich von dem Rumänen. Er arbeite in seinem Heimatland als Lkw-Fahrer und mache gern Urlaub in Frankreich, um jeweils fünf Stunden pro Tag Sandfiguren zu erschaffen – etwas, was ihn erfülle. Dass hinter dem Mann, der hier so vertieft in seine Kunst am Boden hockt, ein rumänischer Brummifahrer steckt, welcher seine Ferien als Hobbykünstler in einem Land Tausende Kilometer entfernt verbringt, hätte ich wohl kaum vermuten können. Längst hat er sich wieder seiner Arbeit gewidmet und besprüht den Sand mit Wasser, um präziser modellieren zu können.

Mal zu Fuß unterwegs zu sein, noch langsamer als mit Fidibus, empfinde ich, auch angesichts dieser unerwarteten Begegnung, als sehr wertvoll. Außerdem macht mich die pure Leichtigkeit glücklich, die ich beim Flanieren ohne Gepäck fühle. Ich verliere mich in kleinen Gassen mit alten Fachwerkhäusern, sitze in der Sonne am Loire-Ufer, werfe einen Blick in die Kathedrale Sainte-Croix d'Orléans, religiöses Zentrum des Bistums Orléans. Der fünfschiffige Bau wurde vielfach zerstört und im Jahr 1601 im gotischen Stil wiederaufgebaut. Mein Blick schweift besonders gern über die Buntglasfenster, die das Tageslicht zum Leuchten bringen.

Überraschenderweise darf ich ein weiteres Treffen mit meinem Vater und Franka erleben. Die beiden haben die Gelegenheit genutzt, noch einige Tage Urlaub zu machen. Dieser neigt sich nun aber so langsam seinem Ende zu – allerdings nicht ohne ein Wiedersehen, wie sie mir per WhatsApp vorschlagen. Ihre Rückfahrtroute haben sie nämlich extra so gelegt, dass wir uns heute auf dem Campingplatz in Sully, gut 50 Kilometer von Orléans entfernt, sehen können. Ich freue mich auf einen finalen Abend im familiären Nest, in dem es für mich ganz sicher bestes Essen und für Fidibus ein wenig Pflege geben wird.

Meine Tagesetappe ist damit kurz und ich lasse es langsam angehen, pausiere auf einer Bank am Loire-Ufer und schaue mir die Wolken an, die sich im Wasser spiegeln, und erfreue mich am üppigen Grün an der Uferlinie, an Sandstränden in der Ferne und der endlich wiedererwachten Sonne, welche ihre Strahlen auf mein Gesicht schickt. Die Inseln, die ich immer wieder in

Pause hinter Orléans

diesem Fluss sehe, gefallen mir besonders, sind sie doch Kennzeichen eines Gewässers, das vom lauten vereinnahmenden Schiffsverkehr glücklicherweise verschont bleibt.

Der Radweg führt unter anderem auf hervorragendem Asphalt auf dem Deich entlang und kurz vor meinem Ziel verläuft er dann abgegrenzt neben einer Landstraße, über die mein kleines familiäres Begleitteam und ich nahezu zeitgleich den Campingplatz erreichen. Die Freude über das Wiedersehen ist groß, wir tauschen unsere Erlebnisse aus, schlemmen gemeinsam, zeigen einander Reisefotos und spielen Boules – ein Hobby, dem meine beiden gern in ihren Campingurlauben nachgehen, vor allem in Frankreich, wo es an jeder Ecke entsprechende Plätze dafür gibt. Vor Einbruch der Dunkelheit baut

Die Loire von oben in der Nähe von Sully

mein Vater noch einen neuen Fahrradständer an meinen Fidibus. Ein passendes Geschenk, denn mein treuer Drahtesel und ich feiern heute Jubiläum: Eine ganze Woche schon fahren wir an Frankreichs wildem Fluss entlang und haben um die 550 Kilometer zurückgelegt. Es rollt …

In meiner ersten Woche bin ich so freundlich in diesem Land aufgenommen worden, dass ich meine persönliche „Tour de France“ jeden Tag aufs Neue genieße. Immer wieder sprechen mich Menschen an, auch wenn ich sie gar nicht nach dem Weg frage. Wenn sie dann erfahren, wohin meine Reise noch geht, sind sie aus dem Häuschen und bewundern meinen großen Plan, bis nach Rumänien zu radeln. „Sie sind sehr mutig“, ist der meistgehörte Satz bisher, gefolgt von den Top drei Fragen: „Wo kommen Sie her?“, „Wohin wollen Sie?“ und „Haben Sie sich verfahren?“ Offensichtlich wirke ich manchmal etwas verloren, wenn ich – vor allem in Städten und in deren Vororten – nach Wegweisern Ausschau halte. An mancher Schlüsselstelle fehlt mir ein Schild beziehungsweise taucht es erst ein paar Meter später auf, was mich hin und wieder suchen lässt. Aber alles in allem gelingt es mir, die grobe Richtung nach Rumänien zu halten.

Ja, ich sagte die „grobe Richtung“. Gut eine Woche nach meinem Start verfahre ich mich so gründlich, dass ich mich ziemlich fernab des Weges befinde, aber auch hier gilt: „Schwächen haben ihr Gutes“, denn ich lerne zwei sympathische Frauen kennen. Die Häuser des Dorfes, in dem ich gelandet bin, wirken eher schlicht, manche sogar etwas ärmlich. Die ältere der beiden Frauen hat dünnes Haar und der mangelnde Wohlstand ist ihr an den Zähnen abzulesen. Die jüngere ist kräftiger, trägt ihr blondes Haar kurz, aber modisch und hat zwei Kinder im Schlepptau. Dank der häufigen Herumfragerei ist mein Französisch in der kurzen Reisezeit viel besser geworden, sodass wir ins Plaudern kommen. Die beiden Nachbarinnen sind restlos beeindruckt von meiner Tour und wollen mir beinahe nicht glauben, dass es aus eigener Kraft noch bis nach Rumänien gehen soll. Allein schon die zurückgelegte Distanz vom Startpunkt am Atlantik wirkt auf sie wie eine Unmöglichkeit und das mit so viel Gepäck. Dass ich allabendlich auf Campingplätzen mein Lager aufschlage und mir mein Essen selbst koche, lässt sie dann fast an meiner realen Existenz zweifeln. Es ist schon spannend, wie unterschiedlich Gesprächspartner mein Abenteuer wahrnehmen. Für die radelnde Kollegin aus der Reisebranche bin ich diejenige, mit der es sich austauschen lässt. Im Vergleich zum weltreisenden Totalaussteiger erscheint mein Vorhaben vielleicht als – zugegeben etwas überspitzt formuliert – Sonntagsspaziergang. Aber für die Frauen vor meiner Nase vollbringe ich eine wahre Meisterleistung. Ja, es ist alles Ansichtssache und verändert sich mit der Perspektive und dem Erfahrungsschatz des Gegenübers. Alles in allem zählt natürlich, wie ich selbst auf mich blicke. Weil ich mit Outdoorurlauben groß wurde, bin ich an diese Art des Reisens zwar gewöhnt, empfinde trotzdem Stolz über meine Umsetzung. Es ist meine bisher längste Radlerdistanz und das auch noch allein, zumindest die erste Streckenhälfte betreffend. Dass die Frauen vor meiner Nase mich so loben, steigert diese Empfindung.

Die Loire in Nevers

Ich will mich später besser an sie erinnern und packe meine Kamera aus. Währenddessen erzählen sie mir von der Wichtigkeit des Familienzusammenhalts. Die Angehörigen der älteren Frau leben zwar verstreut an unterschiedlichen Orten, aber sie sehen einander regelmäßig, essen dann zusammen und tauschen sich aus. „Das macht mich glücklich", erzählt mir meine Gesprächspartnerin. Ihre Nachbarin hat sich in der Zwischenzeit umgezogen und nun posieren sie zusammen mit den beiden Kindern vor einem der Häuser für mein Foto. Sie lachen und winken in die Kamera und ich nehme ihnen ab, dass die regelmäßige Aussicht auf Familienbesuch in diesem kleinen abgelegenen Dorf sie immer wieder erfreut.

Am Abend erreiche ich – ohne weitere Extrarunden – die Stadt Nevers, am Zusammenfluss von Loire und Nièvre rund 260 Kilometer südlich von Paris gelegen. In dieser 36.500-Einwohner-Stadt, deren Altstadtbild von engen Gassen und Bürgerhäusern aus dem 14. bis 17. Jahrhundert geprägt ist, ist heute richtig etwas los. Ich gerate mit meiner Kameraausrüstung mitten in eine Wohltätigkeitssportveranstaltung, bei der Menschen für einen guten Zweck einen Laufwettkampf absolvieren. Ihre Strecke führt sie am „Espace Bernadette Soubirous", dem Kloster, in dem der Leichnam der heiligen Bernadette Soubirous zu finden ist, vorbei. Die Heilige hatte einst als Mädchen mehrere Marienerscheinungen.

Bevor ich mich in das Reich der Träume verabschiede, kann ich heute noch mein erstes Radtourenbuch verstauen, denn die Karte „Loire-Radweg" endet hier in Nevers und wird von „EuroVelo 6 – Frankreich Ost" abgelöst. Stolz über meine bisher erbrachte Leistung schließe ich die Augen und träume schon von der Region Burgund, dem südlichen Elsass und den Tälern sowie Kanälen, die mich erwarten.

FRANKREICH OST – Von Nevers nach Basel rund 600 Kilometer

Ich verlasse Nevers und folge einem unbefestigten, aber sehr gut zu fahrenden Kanalradweg in südöstliche Richtung. Weil ich so zügig vorankomme, rolle ich bis zur Mittagspause durch und bestelle mir beim Universum einen Supermarkt, der am heutigen Sonntag lange genug geöffnet hat und in dem ich mich mit Keksen eindecken kann. Seit einigen Tagen vermute ich verwandtschaftliche Beziehungen zum Krümelmonster, so groß ist mein Heißhunger auf das Gebäck geworden.

Ziemlich exakt 12:30 Uhr stehe ich vor einem riesigen Markt am Ortseingang von Decize und überfliege schnell die Öffnungszeiten an der Tür: sonntags bis 12:30 Uhr. Eine Mitarbeiterin, die eigentlich gerade die Pforten dicht machen will, mustert mich freundlich. Mein Blick scheint Bände zu sprechen, denn plötzlich unterbricht sie ihre Tätigkeit und bietet an: „Na, los, fünf Minuten! Ihr Radler müsst doch essen …"

Dankbar schlüpfe ich hinein, kaufe in Windeseile Kekse, einen Joghurtdrink und ein paar frische Sachen aus der Obst- und Gemüsetheke. An der Kasse danke ich ihr und dem Universum und reiße vor der Tür hungrig die Packung meiner Krümelmonsternahrung auf.

Mein neues Grundnahrungsmittel

Es geht noch ein Weilchen am Kanal entlang, bis der Weg dann über eine asphaltierte Straße führt, die nahezu verkehrsfrei ist, allerdings habe ich das Gefühl, dass es deutlich häufiger auf als ab geht. Kaum komme ich mal ein kleines Stück zügig rollend voran, tritt schon die nächste Steigung in mein Blickfeld und meine Hand muss in den ersten Gang drehen. Hoffentlich reicht die Keksenergie, denn ich stecke mitten in einer Einhundert-Kilometer-Etappe, die nötig ist, um meinen anvisierten Campingplatz zu erreichen. Ich schalte auf den Meditationsmodus um, statt auf meinen Atem konzentriere ich mich nun auf nichts anderes mehr als „fahren, fahren, fahren", Gefühle der Anstrengung blende ich bewusst aus, was wirklich gut funktioniert. In einem Dorf, dessen Namen ich vergessen habe, frage ich eine Frau, die in an ihrem Haus werkelt, nach frischem Wasser. Bereitwillig füllt sie meine Trinkflaschen auf, bietet mir sogar den Besuch ihres WCs an. Wenig später wechsele ich ein, zwei Worte mit einem belgischen Pärchen, das nach Frankreich ausgewandert ist, sonst begegne ich keiner Menschenseele, auch andere Radler sind nirgendwo auszumachen.

Wegweiser

Ich ziehe durch und erreiche nach 104 Kilometern Diou, einen kleinen Ort, der alles hat, was ich heute noch brauche: einen Campingplatz. Erneut meint es das Universum gut mit mir, als es erst, nachdem ich das Zelt aufgebaut habe, einen starken Schauer auf die Erde schickt. Wo könnten die Kekse und der heiße Tee besser schmecken als hier in meinem Zelt, auf dessen Dach die Wassertropfen ein Konzert geben …?! Auch das ist Glück für mich.

Die Nachteile des Alleinreisens erwischen mich heute eiskalt. Das Zusammenspiel aus warmer Jahreszeit, Campingplatz und Arachnophobie führen mich gleich am Morgen an den Rand meines persönlichen Wahnsinns. Wer 1990 US-amerikanische Horrorfilme geschaut hat, weiß, wovon ich spreche. Als ich meine Behausung öffne, um Richtung Sanitäranlagen aufzubrechen, regnet es zwar nicht mehr, aber alles ist noch sehr nass. Und wem begegnet man in der Natur gern einmal? Ich denke, man muss keine große Zelterin sein, um die Antwort zu kennen. Meine Finger haben den Reißverschluss des Eingangs gerade bis zum oberen Ende bewegt, als eine dicke schwarze Spinne pfeilschnell hinabsaust. Ich schrecke heftig zurück, wähle die Flucht und finde mich Hundertstelsekunden später auf einem Bein hopsend im nassen Gras vor meinem Zelt wieder. Entgegen meiner üblichen Reaktion auf diese Tiere bleibe ich weitestgehend stumm. Nur ein leiser gepresster Laut verleiht meinem Schreck Ausdruck. Schließlich steht unweit von mir das nächste Zelt, welches zwei deutsche Paddler bewohnen, und blamieren möchte ich mich nicht, ein bisschen Stolz habe ich auch. Da stehe ich nun schwankend auf einem Bein, um wenigstens nur eine Socke zu durchnässen, und überlege, was ich tun soll. Normalerweise habe ich jemanden in meiner Nähe, der weniger Angst vor Spinnen hat als ich, was zugegebenermaßen keine allzu große Kunst ist. Es hilft nichts, ich muss da jetzt allein durch. So nähere ich mich meiner Behausung, schlüpfe erst einmal in meine Turnschuhe, allerdings nicht ohne sie vorher gründlich ausgeschüttelt zu haben – man weiß ja nie – und suche den Rasen zwischen Innen- und Außenzelt gründlich ab, die Spinne ist nirgendwo zu sehen. Ob ich das nun als gutes oder schlechtes Zeichen werten möchte, weiß ich nicht, zunächst zählt das Ergebnis und dieses lautet: keine Spinne mehr.

Als ich wenig später frisch und in Radlerkleidung im Schneidersitz im weit geöffneten Zelt hocke, um mir mein Frühstück zuzubereiten, habe ich mich erstaunlich gut beruhigt und den Vorfall wirklich erfolgreich verdrängt. Ich packe mir ein paar Kekse zurecht, belege ein Brot und schnippele einen Apfel, dann greife ich nach meinem Topf, um Kaffeewasser einzufüllen, schieße ihn jedoch wie eine gezündete Handgranate von mir weg, als ich sehe, wer in diesem Topf sitzt: die Spinne. Igitt, ausgerechnet hier hat sie sich versteckt! Mir stehen die Haare zu Berge. Durch den Wurf ist sie aus ihrem Versteck geschleudert worden und verharrt verschreckt und perplex auf der Wiese vor mir, vielleicht ein, zwei Armlängen entfernt. Ich will ein guter Mensch sein und nicht sinnlos Tiere töten, nur weil ich diese irrationale Reaktion zeige. Ich gebe ich ihr eine Chance und flüstere: „Wenn du vom Zelt wegläufst, darfst du leben, wenn nicht, dann muss ich leider …" In diesem Moment setzt sich das Spinnentier in Bewegung und krabbelt zielgerichtet auf mich zu. Ich murmele noch „Sorry, ich habe es wirklich versucht" und wumms landet mein Turnschuh auf dem hohen Rasen … Von diesem Morgen an rüttele ich immer, wirklich ausnahmslos immer, von innen das ganze Zelt einmal durch und klopfe an die Decke, bevor ich den ersten Reißverschluss öffne.

So grün ich im Gesicht auch bin, als ich endlich meinen Morgenkaffee schlürfe, so sehr zeigt mir diese simple Begebenheit, wie erkenntnisreich das Alleinreisen sein kann. Mal eine Zeitlang sich selbst überlassen zu sein und sich seinen Ängsten stellen zu müssen, erlebe ich als wertvolle Erfahrung. Wenn ich über mich nachdenke, fällt mir auf, dass einige meiner Eigenschaften gegen eine solche Reise sprechen. Ich bin weder sonderlich begabt, wenn es um Reparaturen geht, mein technisches Verständnis ist mittelmäßig, der Orientierungssinn verkümmert und Angst vor Viehzeug habe ich auch, trotzdem bin ich mit einem Verkehrsmittel, an dem theoretisch einiges kaputt gehen könnte, unterwegs und zelte, obwohl ich mich vor Spinnen fürchte. Ja, klar, meine Kommunikationsstärke ist hilfreich, vermag aber auch nicht zu zaubern. Die Achtbeinerin weg zu quasseln hat schließlich nicht funktioniert. Das Motto meiner allerersten Tage „einfach machen“ treibt mich an, denn die Lust auf solche Touren und mein Hunger auf die Welt sind einfach größer, als dass ich stattdessen immer zu Hause bleiben mag. Ich versuche vor und während einer Reise, die ganze Unternehmung nicht allzu sehr zu „zerdenken“ und mir auszumalen, was alles Problematisches passieren könnte. Ich baue ganz einfach darauf, dass ich in dem Moment, in dem ich vor einer Herausforderung stehe, diese dann meistern werde. Ein Grundstock an Vorbereitung, Recherchen zu Land und Leuten sowie das Erlernen, wie ich einen Platten repariert bekomme, habe ich getroffen, den Rest gehe ich mit einer gesunden Portion an Vertrauen in die Welt und mich an. Ich stelle fest, allein bin ich weniger emotional: Wenn da niemand ist, der nach dem Verfahren den richtigen Weg mit mir sucht oder der Viehzeug für mich entfernt, dann behalte ich einen kühleren Kopf, denn das muss ich, wenn ich weiterkommen will. Wenn es regnet und ich morgens alles nass zusammenpacke und keiner da ist, der zuhört, in dem Moment, in dem ich gerade das Wetter beklagen möchte, dann lasse ich es sein. Eine spannende Erkenntnis.
Als ich heute alles fertig verstaut habe, Fidibus beladen ist und ich mich gerade noch einmal umdrehe, um zu prüfen, ob irgendetwas herumliegt, bleibt mein Blick an der Stelle hängen, an der der schwarze Leichnam so ungefähr liegen müsste. Genauer hinsehen und suchen möchte ich gar nicht. Keine Ahnung, ob der weiche Untergrund und die hohen Halme das Überleben des Tieres gesichert haben. Ich entschuldige mich zur Sicherheit noch einmal kleinlaut für den – mindestens versuchten – Mord und fahre mit der Befürchtung los, gerade keine Karma-Punkte gesammelt zu haben.
Ich weiß nicht, womit ich das ausgerechnet heute verdient habe, aber bereits gegen halb drei Uhr am Nachmittag steht mein Zelt auf dem wunderschö-

nen Campingplatz an einem See in der Nähe des Örtchens Palinges. Es gibt für Radler extra Parzellen mit Tisch und Stühlen, wunderbar gepflegt für elf Euro, was in den Schnitt passt, den ich bisher für meine Zeltnächte aufgebracht habe. Ja, mit acht bis elf Euro komme ich gut aus, um meine Übernachtungen zu finanzieren.

Auf dem Campingplatz in Palinges

Ich kann es kaum glauben, als ich an meinem zwölften Reisetag Bekanntschaft mit Didier und Claudine mache, sie sind die ersten „Verrückten", die ich treffe, die auch bis nach Constanța in Rumänien radeln wollen. Voll bepackt, mit Fahne am Rad und in gelbe Warnwesten gehüllt, auf denen Unterschriften und Sprüche stehen, sind die beiden fröhlichen Radler kaum zu übersehen. Ins Gespräch kommen wir, weil wir gemeinsam an einer Stelle landen, an der wir den weiteren Wegverlauf auskundschaften müssen und nach Schildern suchen. Das französische Rentnerehepaar ist ähnlich erfreut wie ich über dieses Gleichgesinnten-Treffen und wir sind uns auf Anhieb sympathisch, dennoch verlieren wir uns bald wieder aus den Augen, weil die zwei eine Pause machen. Als wenig später ich für ein Weilchen verschnaufe, rollen sie fröhlich winkend an mir vorbei. Ich schließe wieder zu ihnen auf und unser Wettrennen findet ein Ende. Dem Radweg am Canal du Centre gemeinsam folgend, verlieren wir uns nun im ausführlichen Gespräch. Für Claudine ist heute ein ganz besonderer Tag, der offizielle Beginn ihrer Altersrente, nachdem sie als Assistentin für Menschen mit geistiger Einschränkung oder Erkrankung gearbeitet hat. Ihr Mann Didier ist bereits seit drei Jahren pensioniert. Er war in einer Fabrik für Dämmungen oder Isolierung tätig. Die gemeinsamen Söhne, Ende zwanzig und Ende dreißig arbeiten als Architekt und Manager, leben in Paris und Lyon, während das Zuhause von meinen neuen Radlerfreunden in der Nähe von Clermont-Ferrand ist. Ungefähr drei Mal im Jahr kommt die Familie zusammen, berichtet mir Claudine – eine Frau, der die Fröhlichkeit in jedem Fältchen ihres Gesichts geschrieben steht. Ihr Lachen erklingt oft und äußerst herzlich. Als ich von meiner Arbeit als Reisejournalistin und -referentin berichte, ist sie ganz aus dem Häuschen und staunt: „Solch einen Job mache ich in meinem nächsten Leben auch." Wenn ich an mein nächstes Leben denke, muss ich wohl eher fürchten, ein Dasein als Regenwurm zu fristen, bei der aktuellen Karma-Bilanz …

Von meiner dunklen Vergangenheit als vermeintliche Mörderin wissen die beiden zum Glück nichts und schlagen vor, mich zu adoptieren. Ich läge schließlich altersmäßig zwischen ihren Jungs und über ein Mädchen würde sich Claudine sowieso freuen. Wir lachen viel und plaudern ununterbrochen, was der weiteren Schulung meiner Sprachkenntnisse sehr zugute kommt. Englisch oder andere Sprachen beherrschen die beiden kaum, sodass uns lediglich ihre Muttersprache bleibt. Wir haben für heute unterschiedliche Campingplätze anvisiert, weil diese aber nur wenige Kilometer voneinander entfernt liegen und wir uns so mögen, einigen wir uns auf ein gemeinsames Tagesziel: Chagny, eine 5500-Seelen-Gemeinde im Département Saône-et-Loire. Hier wählen wir für unsere Zelte zwei nebeneinander liegende Parzellen aus. Nicht lange, nachdem wir aufgebaut haben, linst Claudine über die Hecke und lädt mich zum Abendessen ein. Natürlich sage ich sofort zu.

Die hohe Esskultur der Franzosen zeigt sich sogar beim Camping, denn das Essen, was die beiden zaubern, ist um Welten besser als meine traditionelle Pasta, in die ich allabendlich eine andere Sorte Tütensuppe rühre. Hier gibt es Nudelsuppe mit frischem Brokkoli, dazu Brot, Cracker, Obst. Mein Magen freut sich über die hochwertigen Zutaten, mehr jedoch noch über die liebenswerte Gesellschaft. Während Claudine herrlich mitreißend lacht, ist Didier eher der Typ stiller Schmunzler, mit Augen, die sich mit ihm und der Welt freuen. Claudines Persönlichkeit wird von ihren frechen kurzen Haaren und der sportlichen Figur, die in einer langärmligen karierten Outdoorbluse sowie einer Funktionshose steckt, unterstrichen. Didier ist groß und drahtig, hat eine Glatze und auf seiner Nase sitzt eine Brille mit schmalem dunklem Rand, über Kinn und Wangen verteilen sich weiße Bartstoppeln. Das Bild dieser beiden Menschen auf der großen Camping-Plane, die zugleich Buffettafel ist, ist herrlich. Fröhlich schlemmen die Eheleute und bieten mir immer wieder von ihrem leckeren Brot an. Wir kommen ins Philosophieren darüber,

wie gut wir es doch alle gerade haben – in herzlicher Gesellschaft, an der frischen Luft und der gleichsam reichhaltigen sowie schmackhaften Nahrung.
„Hach, was haben wir es schön. Wir dürfen die Reise machen, die uns mit dem, was der Mensch wirklich braucht, auskommen lässt“, preist die quirlige Claudine unser Beisammensein.
„Das ist es, was uns so gefällt: das simple Leben, die Natur, das Bewegen an der frischen Luft“, ergänzt ihr Mann.
„… wohlgemerkt freiwillig“, schaltet sich seine Liebste wieder ein, „wir haben diese Einfachheit bewusst gewählt. Natürlich kippt das Konzept, wenn du ohne Wohnung bist, auf der Straße leben musst, an Würdegefühl verlierst, weil du schmutzig bist, da du keine Dusche hast und nicht, weil du darauf verzichtest, wenn – wie bei uns – auch mal ein schöner Wildcampingplatz lockt.“
Ich nicke und glaube den beiden jedes ihrer Worte, als ich auf den Auslöser meiner Kamera drücke und ihre strahlenden Gesichter einfange.
Im Laufe des Abends stellen wir fest, dass wir einige Reiseerfahrungen wie Pilgertouren teilen. Die beiden haben genauso wie ich die Distanzen ihrer Radwanderungen kontinuierlich gesteigert. Mit dem aktuellen Vorhaben von 4000/5000 Kilometern soll es auch ihre bisher längste Tour auf zwei Rädern werden.
Nachdem wir uns aufgrund beginnenden Regens voneinander verabschiedet haben, sitze ich in meinem Zelt, die Beine stecken im Schlafsack und ich lächele, weil ich glücklich bin über meine neuen Bekannten. Wir ticken

Meine französischen Eltern

gleich, finden es schön, unbeschwert und aus eigener Kraft zu reisen, sind der Meinung, dass Träume angepackt werden müssen und empfinden Dankbarkeit für das Leben, welches man uns teils geschenkt, was wir uns aber auch selbst geschaffen haben. Nur in einer Sache sind wir nicht einer Meinung, etwas, das allerdings dafür sorgt, dass sich mein Glück heute sogar noch steigert: Sie mögen Vollmilchschokolade nicht sonderlich gern, sodass ich mein Gastgeschenk wieder mit in mein Zelt genommen habe, wo ich nun Stück für Stück die ganze Tafel allein aufesse. Das ist definitiv die gute Seite der Medaille …

Für mich steht ein weiteres Familien-Highlight an, denn der Bruder meiner bereits verstorbenen Großmutter mütterlicherseits gründete nach Ende des Zweiten Weltkriegs in Frankreich eine Familie. Ihre Angehörigen bekomme ich sporadisch zu Gesicht, zuletzt 2014 während meiner Interrailtour. Heute werden wir uns endlich wiedersehen, was mich mit großer Vorfreude erfüllt und in den Monaten vor der Reise beachtliche Triebfeder fürs Französischpauken war, denn die drei Familienmitglieder, die ich sehen werde, sprechen ausschließlich ihre Muttersprache. Einziger Wermutstropfen: Ich muss befürchten, meine neuen Radlerfreunde Claudine und Didier zu verlieren, weil ich nur knapp 25 Kilometer bis nach Chalon-sur-Saône zurücklege. Die beiden werden – wie ich sonst auch – ihre achtzig bis einhundert Kilometer rollen.

Trotz der kurzen Zeit im Sattel gelingt es mir heute, einen Rekord zu erreichen: Ich knacke die Eintausend-Kilometermarke, und das bei bestem Sonnenschein.

Der Beiname der Stadt, in der ich am frühen Mittag ankomme, kündigt schon an, dass der Fluss, die Saône, künftig mein Begleiter durch die historische Region von Burgund sein wird. Doch ans Weiterfahren will ich noch nicht denken, als ich mich auf den Weg zum Bahnhof mache, auf dessen Parkplatz die Nachkommen beziehungsweise Ehepartner meines Großonkels ihr Auto abstellen. Wir herzen und drücken uns ausgelassen, setzen uns dann in ein nahegelegenes Café. Trotz der Seltenheit unserer Treffen spüre ich sogleich eine angenehme Nähe zu ihnen und es kommt mir vor, als würden wir uns viel öfter sehen, als es die Realität hergibt. Wir verbringen die nächsten zwei, drei Stunden miteinander, reden über Alltag und Familie, schwelgen in Erinnerungen an die Besuche in den 1990er-Jahren. Ich muss ausführlich von meiner Reise und den Daheimgebliebenen berichten, besonders am Wohlergehen meines über neunzigjährigen Opas sind sie interessiert.

Es wäre so schön, wenn wir noch einmal alle zusammenkämen, egal, ob in Deutschland oder Frankreich, sind wir uns einig. Vielleicht liegt es an uns, der nachfolgenden Generation, das zu organisieren? Eines der Kinder habe auch ein großes Interesse, den deutschen Teil der Familie kennenzulernen, höre ich und muss lächeln, als ich an den kleinen Jungen denke, der er war, als ich mit meinen Eltern Frankreich besuchte. Damals erschien unser Altersunterschied von fünf oder sechs Jahren gigantisch, heute spielt es wohl kaum eine Rolle, dass wir Ende zwanzig und Mitte dreißig sind …

Meine echte französische Familie

Puh, ich bin ganz schön erschöpft von dieser Intensiveinheit im Sprachenlernen, als wir uns nach einem gemeinsamen Foto zur Abendzeit voneinander verabschieden. Die Freude über das Wiedersehen mit Menschen, die ich so selten treffe und doch als so vertraut empfinde, ist aber größer als die Müdigkeit.

So laufe ich noch einige Zeit beschwingt durch die Gassen dieses einladenden Ortes, beobachte Menschen, die vor Cafés und Restaurants sitzen. In der zweitgrößten Stadt in Burgund lockt vor allem die Kathedrale St. Vincent am gleichnamigen Platz mich und meine Kamera an. Die Altstadt rund um die Kathedrale ist so gut erhalten, dass es mir riesigen Spaß bereitet, an

Bummel durch Chalon-sur-Saône

den Fachwerkhäusern entlang zu spazieren. Rast mache ich etwas abseits in einem kleinen Lokal in einer schmalen Gasse. Ich bekomme einen der wenigen Außenplätze ab und lasse mir einen regionalen Rotwein empfehlen. Der Givry trifft meinen Geschmack gut und schenkt mir einige Zeit des stillen genießerischen Seins und Beobachtens vorbeischlendernder Menschen. Als das Glas geleert ist und ich eigentlich gerade zahlen will, komme ich mit dem Kellner ins Gespräch, der sich als Besitzer des Lokals vorstellt.
Ob er glücklich ist?
„Oui, bien sûr!", erwidert mein Gesprächspartner überzeugt. Schon seit dreißig Jahren verkauft der Gastronom Wein, die meiste Zeit davon hatte er eine Bar im noch stärker touristisch erschlossenen Bereich dieser Stadt, erst seit einigen Jahren arbeitet er an diesem Standort. Hier gefällt es ihm besser, weil es familiärer zugeht. Immer wieder grüßen ihn die Vorbeikommenden oder bleiben auf einen Schwatz stehen. Ich sehe mir meinen Gesprächspartner genauer an und stelle mir eine Frage, die mich in diesen Tagen schon öfters beschäftigt hat: Wie nur schaffen es die Franzosen, so oft ausgesprochen adrett zu wirken? Der Wirt trägt eine schlichte braune Hose zu schwarzen Turnschuhen und ein dunkles Langarmshirt mit zarten hellen Streifen. Obwohl seine Frisur nicht außergewöhnlich ist, so wirkt dieser Mann chic. Ja, viele Franzosen haben etwas an sich, was ihnen Eleganz verleiht, vielleicht tut die nobel klingende Sprache ihr Übriges. Von den sorgsam geschminkten anmutigen Frauen ganz zu schweigen …

Der Weinkenner setzt sich mit einem Glas Rebensaft vor sein Lokal und lächelt sanft in meine Kamera. „Ja, die Arbeit macht mich glücklich", bestätigt er, was ich bereits vermutete. Es sei vor allem der Kontakt zu Menschen in Freizeitstimmung, der ihn erfülle. „Es ist schön, sie lachen zu hören", ergänzt er. Als würde er seinen Aussagen Nachdruck verleihen wollen, spendiert er mir einen zweiten Wein, nicht ohne sich vorher zu erkundigen, ob er mir auch geschmeckt habe.
Bekannte des Wirtes, die uns beobachteten, fragen nach meiner Reise und zeigen sich äußerst interessiert. Ich berichte, erhalte Anerkennung und noch die ein- oder andere Nachfrage. Ein wenig weinselig halte ich heute fest: Ja, jedes freundlich gewechselte Wort, jeder kleine Dialog zwischen Menschen, die einander interessant finden, hat das Potenzial für einen Glücksmoment. Mit roten Wangen radele ich zum Campingplatz zurück.

Der glückliche Weinlokalbetreiber

Auf meinem Weg in das gut einhundert Kilometer entfernte Dole fliege ich förmlich, obwohl ich an feuerrot leuchtenden Mohnfeldern vorbeikomme, dessen Samen ja bekanntlich müde macht. Mein straffes Tempo steigert sich sogar noch, als ich zu sieben jungen Radlern, die sich die „Green Riders" nennen, aufschließe. Insgesamt ist die Gruppe mehr als 20 Radler stark und unternimmt die Reise ans Schwarze Meer in Form eines öffentlichen Trips. Das heißt jeder, der möchte, kann sich ihnen anschließen. An ihren Ruhetagen leisten sie ehrenamtliche Arbeit auf Farmen, helfen bei Reparaturen oder der Ernte. Die Idee des ökologischen Reisens geht auf Rob Greenfield zurück, der einst von New York City nach Seattle, auf der anderen Seite der Staaten, radelte. Der amerikanische Abenteurer, Umweltaktivist und Unternehmer

Mohnpracht

hat es sich zur Lebensaufgabe gemacht, für eine gesunde Erde einzutreten. Verschiedene öffentlichkeitswirksame Projekte, mit denen er auf Lebensmittel-, Strom- und Wasserverschwendung aufmerksam macht, kennzeichnen seine Arbeit. Um zum Beispiel für den Wert von Wasser zu sensibilisieren, verzichtete er ein Jahr lang aufs Duschen und nutzte für die Körperpflege lediglich natürliche Wasserquellen wie Flüsse, Seen, Wasserfälle, sogar den Regen. Der 1986 geborene Mann ist für die Menschen, denen ich mich angeschlossen habe, großes Vorbild. Organisiert hat sich die Gruppe vor der Abreise via soziale Medien, und der Transport ihrer Fahrräder über den großen Teich schlug lediglich mit einhundert Dollar Aufpreis aufs Flugticket zu Buche. Tagsüber teilen sie sich in Dreier- oder Vierergruppen auf – je nach Fitnesslevel. Eine Gruppengröße von sieben Sportlern ist schon eine Ausnahme. Nur für die Nacht sind die Crews größer: Die aktuell 20 Radler splitten sich zur Hälfte, sodass sie in Zehnergruppen zelten können, überwiegend wild. Bei Arbeit und Unterschlupf auf Höfen und ähnlichem kommen dann alle zusammen und verbringen die Nächte in großen Räumen. Ihr Zeitplan ist straffer als meiner, bereits Ende Juli wollen sie am Schwarzen Meer sein, eine knappe Woche vor mir, was ihr Tempo erklärt. Meine Wohlfühlgeschwindigkeit ist etwas langsamer als ihre, außerdem suche ich stets nach dem schönsten beschilderten Radweg, während meine Gesprächspartner sich von Google Maps auch mal direkt über eine Landstraße von Dorf zu Dorf schicken lassen. Da sie genau das gerade vorhaben und ich mir nach 50 Kilometern eine erste Pause verdient habe, klinke ich mich aus.

Mit meinem neuen Grundnahrungsmittel, Keksen, sitze ich am Fluss Saône und beobachte einen – vorsichtig ausgedrückt – fülligen Angler, welcher einen dicken Karpfen aus dem Wasser zieht. Ein paar Stücke frisches Baguette und zart schmelzender Camembert bereichern meine Rast. Hier in der Heimat des Käses schmeckt selbst die simple Supermarktvariante cremig und würzig. Die Backwaren, egal, ob süß oder eben in länglicher Form, sind ausnahmslos schmackhaft. Gern halte ich in kleinen Dörfern an winzigen Bäckereien und versorge mich mit Energie, erfreue Bäckersmann und -frau mit meinem deutschen Akzent, der sich unverkennbar in mein Französisch mischt. Ich lasse es ganz sicher entspannter angehen als die Green Riders, auch wenn ich täglich Notizen anfertige, Fotos sichte und ein paar anderen Dingen nachgehe, die mich als Reisejournalistin auf dieser Tour begleiten. Meine Bewunderung gilt diesen engagierten jungen Menschen, die ihre „Ruhetage“ dazu nutzen, ehrenamtlich aktiv zu sein und körperlich zu arbeiten. Ich wünsche ihnen, dass sie mit ihrer Tour die gewünschte Aufmerksamkeit erzielen und pünktlich am Schwarzen Meer ankommen.

Auf dem Weg nach Besançon

An einem Kanal entlang trägt mich Fidibus durch das nasse Frankreich, wobei ich mir hin und wieder kurze Abschnitte mit Gleichgesinnten teile. Meistens folge ich beim Treten und Pausieren jedoch lieber meinem eigenen Rhythmus. Ich mag es, meinen Gedanken freien Lauf zu lassen. Oft drehen sich diese beim Treten nicht selten um die nächste Mahlzeit. Das ist zwar wenig spektakulär, aber als Kontrast zum vielseitigen und mitunter aufregenden heimischen Arbeitsalltag ganz angenehm.

Verregnete graue Stadt Besançon

An Orten, deren Namen wohlklingen, Rochefort-sur-Nenon und Orchamps, folge ich dem Rhein-Rhône-Kanal, bis der Fluss Le Doubs mein Begleiter nach Besançon wird. Der Ort hat es sich in einer Schleife des Gewässers bequem gemacht und gilt als grünste Stadt Frankreichs. Ich erreiche sie bei strömendem Regen. Das Flusstal, welches ich zuvor passiert habe, hat vom Wetter ja noch profitiert, sah es während einer kleinen Wolkenlücke doch sehr ansehnlich aus, mit weiten saftigen Rasenflächen zwischen dicht bewaldeten Hügeln … Aber hier in der Stadt, in der ich mir nur zitternd schiebend ein, zwei Gässchen anschaue, wird lediglich eine Erinnerung bleiben: grau. Vom natürlichen Wachstum, was der Regen zu verursachen vermag, sehe ich in den Straßen, über denen triefende Wolken hängen, nämlich nichts.

Plötzlich mache ich vor meiner Nase zwei gelbe Westen mit Unterschriften aus. Ich gebe sofort Gas und schließe jubelnd zu Didier und Claudine auf. Ja, ich habe sie wieder – und das trotz meiner kurzen Etappe nach Chalon-sur-Saône! Sie freuen sich genauso wie ich und wir erzählen einander von den geleisteten Etappen und den in der Zwischenzeit gemachten Erfahrungen und Menschen, die wir trafen. Die beiden haben eine Handvoll Reisende kennenlernt, was sie mir kurz berichten, bevor Claudine schnell anfügt: „Aber mit niemandem von denen war es wie mit dir." Wir lachen und ich gebe das Kompliment überschwänglich zurück. Mit ihnen teile ich auch gern einmal länger meinen Weg.

Wegen des nassen Wetters versuchen wir uns nicht zu ärgern, können wir es doch sowieso nicht ändern, übrigens auch ein Grund, weshalb sie und ich nie die Wettervorhersage checken. Uns ist klar, dass auf einer solch langen Reise Regentage dabei sein müssen. Vor der Tour hatte ich gedacht, es würde mich mehr stören, im Nassen zu fahren, aber ich weiß um die Qualität meiner

Das Wetter sorgt für einen zauberhaften Uferanblick

Kleidung und meines Hilleberg-Zeltes, sodass es mir alles in allem wenig ausmacht, wenn sich die Wolken ausweinen.
Didier, Claudine und ich halten fest, dass es bei uns Radlern zwei Kategorien gibt: „die Untersteller" sowie „die Durchfahrer". Wir gehören zu letzteren. Einmal richtig durchnässt, ist schließlich keine Steigerung mehr möglich. Außerdem kommen wir an solchen Tagen besonders zügig voran, weil Picknickpausen im Regen einfach weniger Spaß machen.
Optisch hat das aktuelle Klima schließlich auch etwas, freue ich mich, als ich meine Kamera zum Fluss ausrichte, auf dessen gegenüberliegender Uferseite eine kleine Steinkirche ihr Spitzdach-Türmchen zwischen den Bäumen vorschiebt und sich der Wolkendunst in den Hügeln in Szene setzt.
Ähnlich schön ist die Lage des Zeltplatzes in Baume-les-Dames in einem Tal, das nur eine Farbe kennt: Grün. Von meinen französischen Eltern habe ich mich noch einmal getrennt und freue mich diebisch, als die einhundert Kilometer heute schon um 16:30 Uhr geschafft sind, vor Ankunft meiner beiden Freunde und sogar noch vor Öffnung der Rezeption.
Als wäre es meine Belohnung, schieben sich die Wolken auseinander und machen Platz für die wärmenden Strahlen der Sonne. Ich genieße Tee, Brot und Camembert als Nachmittagssnack und bemerke einen weiteren Vorteil von Regentagen: Die Freude über Wetterbesserung ist umso größer und die Sonne hat das Potenzial, meine Endorphine in die Achterbahn zu schicken. Ich grinse in den Himmel.

Das perfekte Frühstück

Die letzten Kilometer in dem Land, dem ich mich nicht nur verbunden fühle, weil ich hier Familie habe und schon als kleiner Stöpsel das erste Mal herreiste, sondern auch, weil es Startpunkt meines großen Radlerabenteuers war, verbringe ich nahezu fliegend. Eine Tagesetappe von fast 120 Kilometern befördert mich nach Mulhouse im Elsass, weit im Osten Frankreichs und am Dreiländereck Frankreich, Deutschland, Schweiz. Eine Mühle ist Namensgeberin des Ortes, dessen Geschichte bis ins 9. Jahrhundert zurückreicht. So ziert ein Mühlrad heute das Stadtwappen.

In Mulhouse

Ich finde einen herrlich großen Rasenabschnitt für mein Zelt auf dem hiesigen Campingplatz und beginne den folgenden Tag mit einem Bummel durch den verschlafenen Stadtkern. Der Sonntag hat hier alles in einen Dornröschenschlaf versetzt, sodass ich freie Sicht auf das Rathaus aus dem 16. Jahrhundert genieße. Der dreigeschossige Bau basiert auf einem rechteckigen Grundriss, Zugang erhält man über eine überdachte, gegenläufige Freitreppe. Ich finde das Äußere sehr ansehnlich, so ist die Schauseite komplett bemalt, die Grundfarbe sorgt mit einem Fliederton für positive Ausstrahlung, ebenso die bunten Renaissance-Fassaden.

Nach ein paar Videoaufnahmen von der protestantischen Stephanskirche, deren fast einhundert Meter hoher Glockenturm das Stadtbild beherrscht, schiebe ich Fidibus durch ein paar Gassen mit Cafés, nehme noch einmal einige tiefe Atemzüge croissant-geschwängerter Frankreichluft und bereite mich mental auf den Abschied aus diesem liebenswerten Land vor.

Zurückgeschaut ... Glücksmomente in Frankreich

Mit Frankreich verbinde ich die Bezeichnung „savoir-vivre". Dieser Begriff lässt sich damit übersetzen, dass man es versteht zu leben. Während die Franzosen den Ausdruck eher im Sinne von gutem Benehmen oder korrekten Umgangsformen gebrauchen, wird er im Deutschen als „Lebenskunst" verstanden. Was heißt es, ein Lebenskünstler zu sein? Und wenn es jemand besonders gut versteht zu leben, ist er dann auch gleichsam glücklich?

Immer, wenn es ums Glück ging, blühten meine Gesprächspartner auf und wussten, was sie glücklich macht. Sie waren sich darin einig, dass andere Menschen zum eigenen Glück dazugehören. Das können Familienmitglieder sein oder auch frohe Menschen, die einen bei der Arbeit umgeben – als Eisverkäufer ebenso wie als Weinlokalbetreiber.

Die Arbeit selbst, ob nun als Künstler mit Atelier im Stein oder als Guide auf dem Wasser, in der Ruhe der Natur, hat großes Glückspotenzial, was ich bestens nachvollziehen kann. Zu Hause liebe ich es, am heimischen Schreibtisch zu sitzen und in Textform zu bringen, was ich erlebt habe. Hier vor Ort bin ich glücklich, weil mich meine Reise am Glück anderer teilhaben lässt. In Didier und Claudine habe ich Gleichgesinnte getroffen, deren Erkenntnis ich ebenfalls teile: Ich mag wie sie dieses simple Reise- und Campingleben mit Gepäck, welches ich aus eigener Kraft befördere.

Meine Übernachtungswiesen recherchiere ich tagsüber, entscheide einige Kilometer vor meinem Tagesziel, wo ich mein Zelt aufschlage. Ich bin spontan und Änderungen gegenüber aufgeschlossen. Diese Flexibilität, gebunden an die Autonomie, die mir meine Reiseform ermöglicht, ist es auch, warum ich so gern unterwegs bin.

Willkommen geheißen zu werden im Haus eines Wildfremden, auf der Picknickdecke von Sportsfreunden oder von den eigenen Verwandten sind aber wohl die Glücksmomente, die sich am nachhaltigsten in meinen Erinnerungen festsetzen werden ...

DIE SCHWEIZ – Von Basel nach Radolfzell am Bodensee ... rund 180 Kilometer

Mit Basel erreiche ich den deutschsprachigen Raum des EuroVelo 6 und wechsele auf das Kartenmaterial von HUBER Kartographie, das mir für die bevorstehenden Abschnitte zur Verfügung steht.

Es heißt, wohl kaum eine andere Stadt dieser Größe punkte mit so vielen gut entwickelten Bereichen wie die Stadt im Rheinknie. Eine Messe- und Kongressstadt sei sie, aber auch Stätte von Museen sowie Musik, von Banken und auch eine Stadt der Gelehrten. Ich liege überdurchschnittlich gut in meinem Zeitplan, der als nächsten festen Termin das Treffen mit meinem Sandkastenfreund Daniel in Linz beinhaltet, so beschließe ich eine kleine Pause einzulegen. Eine sehenswerte Stadt und etwas Zeit sind mir gute Gründe genug, hier länger zu verweilen. Ich buche mich für zwei Nächte auf einem kleinen, aber von einem sehr engagierten Betreiber-Ehepaar mittleren Alters geführten Campingplatz in der Nähe der Dreiländerbrücke ein. Die beiden sind bereits seit 29 Jahren ein Paar, allerdings nicht verheiratet. Sie arbeiten schon lange in der Campingbranche, schlagen immer wieder an neuen Orten ihr Lager auf, an diesem hier sind sie seit fünf Jahren, wissen aber jetzt schon, dass sie bald weiterziehen müssen. Baumaßnahmen zwingen sie dazu, was sie jedoch nicht sonderlich zu stören scheint.

„Es geht doch immer irgendwie weiter", gibt sich die blonde Stella optimistisch. Ihr Mann Dany berichtet, dass sie ursprünglich beide aus Strasbourg stammen und sich einst auf einer Feier kennenlernten. Beide sind nahezu 24 Stunden für ihre Gäste ansprechbar, was ihnen nichts ausmacht. Die Hütte, in der sie leben, nur ein paar Schritte von Rezeption und Campingwiese entfernt, ist Anlaufpunkt für Camper, aber auch Freunde und Bekannte, die sich auf den Stühlen ihrer Terrasse einfinden. Ist ein Besucher gegangen, rückt auch schon der nächste nach. Dany und Stella heißen alle herzlich willkommen, plaudern, bieten kalte Getränke an, gehen zwischendurch anfallenden Arbeiten auf dem Platz nach und erledigen Büroarbeiten am Rezeptionstresen. Sie erzählen mir, dass sie in der kalten Jahreszeit immer für insgesamt vier Monate schließen, sodass sie sich von den langen Arbeitstagen im Sommer, zum Beispiel bei Reisen durch Kroatien, erholen können. Dass die gemeinsame Arbeit als Campingplatzbetreiber das sympathische Paar glücklich macht, muss ich wohl kaum noch betonen, wohl aber, was es ist, woran sie sich besonders erfreuen: Ähnlich wie der Lokalinhaber und Weinkenner

Glückliche Campingplatzbetreiber in Basel

aus Chalon-sur-Saône schätzen auch sie den Umgang mit Menschen, die gut drauf sind.

„Die Leute, die zu uns kommen, sind in Urlaubsstimmung und freuen sich, eine gute Zeit zu haben", hält Stella fest und erntet von mir prompt bestätigendes Nicken. Ich liebe meinen Job als Reisejournalistin ebenfalls, schätze den Kontakt zu Menschen, die mir in meinem Podcast von ihren Touren erzählen, und zu den Gästen, die mir während meiner Vorträge lauschen. Viele von ihnen lassen ihren Feierabend bei mir ausklingen, freuen sich über die Auszeit vom Alltag und lächeln mich an. Da kann ich nicht anders, als mich mit zu freuen. So geht es offensichtlich auch meinen beiden Gesprächspartnern, wobei ich nur den Hut ziehen kann, denn ständig ansprechbar zu sein, ist sicherlich auch nicht immer leicht und kann Nerven kosten.

Die Zeltwiese füllt sich zum Abend so sehr mit anderen fröhlichen Radlern, dass das Areal an ein Festivalgelände erinnert. Durch Basel geht auch der Rheinradweg, der EuroVelo 15, der vom Quellgebiet des Flusses in den Schweizer Alpen bis zur Mündung bei Rotterdam verläuft. Ein Ehepaar aus Niedersachsen, mit dem ich mich austausche, hat sich genau diese Route für den Sommerurlaub ausgesucht, um den Kopf frei zu bekommen. Beide sind als Ärzte schon lange tätig. In ihrer Freizeit lieben sie das Radler- und Campingleben, verbunden mit dem Kochen im Freien, was ihr Arbeitsumfeld größtenteils nicht nachvollziehen kann.

„Hinzu kommt, dass wir nicht mehr die Allerjüngsten sind, und das in einem Beruf, der hoch angesehen ist. Von vielen Kollegen ernten wir Unverständnis für unsere Reiseform, manche fordern sogar, wir sollten doch ‚standesgemäß' verreisen. Wenn die jungen Ärzte campen, ja, dann ist das noch akzeptabel, aber wir …", erklärt mir die Medizinerin mit einem Kopfschütteln.
„Wir lieben das Draußensein", sind wir drei uns einig und schätzen diese Art des Unterwegsseins, die uns nah an Land und Leuten sein lässt.

Die Dreiländerbrücke ist die längste als Bogenbrücke ausgeführte Radfahrer- und Fußgängerbrücke weltweit und geleitet mich und den federleichten Fidibus in Richtung der Innenstadt von Basel. Die ersten Meter fühle ich mich wie bei einem Seiltanz, so ungewohnt ist die Fahrt ohne Last. Noch gewöhnungsbedürftiger ist es für mich jedoch, die lokale Bevölkerung zu verstehen. Mir liegen zwar Fremdsprachen, nicht aber die unterschiedlichen Varianten meiner Muttersprache, die hier in der Schweiz nun einmal anders klingt als Hochdeutsch. Eigentlich wollte ich gerade festhalten, wie gut wir es als Deutsche auf dem EuroVelo 6 haben, sind doch drei Länder auf der Route deutschsprachig, aber aus Erfahrung weiß ich bereits, dass ich auch in Österreich sprachlich an meine Grenzen stoßen werde …
Im historischen Stadtkern sind ein mittelalterlicher und frühneuzeitlicher Charakter mit gotischen Häusern und Palästen gut erhalten zu bewundern. Außerdem verfügt Basel über insgesamt fünf Kilometer Kai-Länge, verteilt auf Häfen, die Heimat mehrerer Hundert Rheinschiffe sind, so gibt es also viel zu entdecken, was ich bevorzugt tue, indem ich mich treiben lasse. Ich nehme das sommerliche Flair dieses Ortes in mich auf und schiebe Fidibus durch kleine Gassen, kreuz und quer, unternehme Abstecher zum Rheinufer und mache dann ein verdammt gutes Geschäft.
Ich mag es nämlich, mich hin und wieder herauszufordern, und schätze kreative Formen der Kontaktaufnahme zu Einheimischen. Außerdem liebe ich meine Heimat. So habe ich mir, zusammen mit dem Stadtmarketing Magdeburgs, vor der Reise etwas überlegt: Ich tausche! Während meiner Rucksackreise durch Albanien habe ich das schon einmal gemacht. Dort lief es so ab, dass ich von Gegenstand zu Gegenstand und Region zu Region weiter tauschte, zwischenzeitlich sogar ein lebendiges „Objekt" mein Eigen nennen durfte und schließlich meinen ganz persönlichen Glücksbringer mit nach Hause nahm. In diesem Jahr will ich in jedem der bereisten Länder einen kleinen Gruß von zu Hause lassen. Insgesamt zehn individuell für diese Tour angefertigte Shirts, auf denen meine Route zu erkennen ist, stehen mir

dafür zur Verfügung und ich möchte ebenso viele Gegenwerte erhalten. Den Handel halte ich auf Handyvideos fest und sende sie in die Heimat, um die Daheimgebliebenen ein kleines Stückchen mit auf meine Reise zu nehmen. In Frankreich hatte es mit einem Malbuch vom Flohmarkt noch ein wenig verhalten begonnen, aber hier in Reiseland Nummer zwei bin ich geübter und spaziere selbstbewusst in einen teuren Spezialitätenladen, der hochwertige handgefertigte Pralinen und die berühmten „Basler Läckerli", ein lebkuchenartiges Gebäck aus Weizenmehl, Honig, kandierten Früchten sowie Nüssen anbietet. Ich überzeuge eine Mitarbeiterin der Confiserie so sehr von meinem Vorhaben, dass sie ihren Chef anruft, einige Minuten telefoniert und mir dann strahlend verkündet, mit mir ins Geschäft zu kommen. Ich kann es kaum glauben, als sie mir Waren – Läckerli und Pralinen – im Wert von insgesamt 50 Franken anbietet. Der Kurs zum Euro ist rund eins zu eins. Ich grinse übers ganze Gesicht, bin ich doch großer Fan von Schweizer Schokolade. Oh ja, das mit dem Tauschen war eine grandiose Idee, triumphiert das Leckermäulchen in mir.

Mit der süßen Ware im Gepäck will ich mich aber noch nicht auf den Rückweg zum Campingplatz machen, sondern lieber weiter durch die ein- oder andere Straße spazieren, zu schön ist es, Teil der Flanierenden zu sein, deren Gesichter von der Sonne gewärmt werden. Dabei stoße ich auf das Bürgerliche Waisenhaus, welches mit einer Ausstellung zum 350-jährigen Jubiläum wirbt. Die Vorstellung, in eine Lebenswelt einzutauchen, die meiner eigenen so fern ist, lockt mich an. Viele Schautafeln und ein Ausstellungsbereich mit historischen Gegenständen wie einer alten Schulbank entführen mich nicht nur in eine andere Welt, sondern auch in eine vergangene Zeit. Verständlicherweise erhalte ich nur Zugang zu diesem bestimmten Bereich, nicht aber zum Wohnraum der jungen Menschen, die hier noch heute untergebracht sind. Es muss nicht unbedingt der Tod der Eltern dafür verantwortlich sein, dass ein junger Mensch aus der Familie genommen wird, sondern es sind mannigfaltige soziale und familiäre Erschwernisse, die man heute jedoch viel stärker als früher zunächst mit ambulanter Unterstützung versucht zu lösen. Eine Einweisung in ein Heim ist letztmögliches Mittel.

Die Lage des Areals mitten in der Stadt und die vom ehemaligen Kloster vorgegebene Struktur beeinflusste damals das Alltagsleben der Kinder und Jugendlichen. Sie fühlten sich eingesperrt und verzehrten sich nach der Freiheit, die sie außerhalb der Mauern vermuteten. Das Personal hingegen wollte seine Schutzbefohlenen vor den schlechten Einflüssen in der Stadt bewahren. Erst in der zweiten Hälfte des 20. Jahrhunderts ging es offener zu, was einen positiven Effekt für alle hatte. Heute ist es der Waisenhausleitung wichtig, dass das Leben der jungen Bewohnerinnen und Bewohner eigenverantwortlich gestaltet wird. Davon erfahre ich nicht nur durchs Nachlesen, sondern auch von Ruedi Hafner, der sich mir angeschlossen hat. Er engagiert sich ehrenamtlich und zeigt mir die Exposition. Sein ganzes Leben lang hat er hier gearbeitet, bis er in Rente ging, dem Haus aber auch jetzt nicht den Rücken kehren möchte. Er begann damals als Praktikant und stieg auf, bis er für Planung, Finanzen und Entwicklung zuständig war. Während seiner aktiven Zeit hat es ihn immer glücklich gemacht, Veränderungen bewirken zu können. Besonders die Orientierung hin zu einer mehr aufs Individuum gerichteten Pädagogik lag ihm am Herzen. Ich, die ihr Leben so gestaltet, wie ich es für mich als richtig erachte, hätte – wäre ich hier groß geworden – davon wohl auch profitiert und verstehe Herrn Hafners Freude über diesen Fortschritt. „Früher wurde zu sehr auf die Gruppe geschaut, die Entwicklung Einzelner zu wenig in den Blick genommen“, schaut er zurück. „Das ist heute erfreulicherweise anders. Auch die Zeiten für Bewohner, die hier ausziehen, bessern sich, zum Beispiel dank des Projektes ‚Care Leaver erforschen Leaving Care‘. Hintergrund ist, dass junge Erwachsene, die volljährig geworden sind oder ihre Erstausbildung abgeschlossen haben, nun allein vor diversen Herausforderungen des Lebens stehen, denn die Entlassung aus dem Heim gleicht einem Bruch. In der Fachsprache heißen diese jungen Menschen ‚Care Leaver‘. Wir erklären hier“, deutet er auf eine der Tafeln, „wie das ablaufen soll. Care Leaver haben zunächst über ihre Erfahrungen berichtet und sollen nun, im Rahmen dieses Forschungsprojektes der Fachhochschule Nordwestschweiz, ein Unterstützungsnetzwerk erhalten, dessen tragende Säule sie einerseits sind und was sie andererseits tragen soll. Das ist nötig, weil die Antworten der Care Leaver deutlich gezeigt haben, dass sie wie alle jungen Menschen soziale und alltagspraktische Ratschläge und Unterstützung brauchen und diese eben bis dato nicht in ausreichendem Maß erhalten. Ich freue mich, dass es hier vorangeht.“

Glücklich bei der Arbeit im Waisenhaus

Meinen Gesprächspartner kann ich nur bewundernd an der Kamera vorbei anlächeln, als er seine Hände auf dem Rand dessen ablegt, was er mir als Caritasbrunnen vorstellt, und ich ihn so an einem schattigen Platz im Hof ablichte. Sein offenes Lächeln passt zu dem, was er noch anfügt: „Ich bin gern Rentner und liebe klassische Musik. Zuletzt war ich außerordentlich glücklich, als ich mit anderen zusammen erfolgreich musiziert habe. Ein schönes Erfolgserlebnis war das", freut er sich.

Zurück auf dem Campingplatz denke ich noch einmal an Ruedi. Er war der erste Gesprächspartner, der von mir wissen wollte, was mich glücklich macht. Ich öffne die edlen Pralinen, die ich mir ertauscht habe, stelle sie in die Mitte eines Tisches und lade die anderen Camper ein zuzugreifen. Ich durfte mit zwei gesunden und fürsorglichen Eltern aufwachsen, in einem Land, in dem ich weder Krieg noch Nöte erfahren musste, und das zu einer Zeit, während der ich die Möglichkeit genoss, mich frei entwickeln zu können – zu einem Individuum, das heute in Basel auf dem Campingplatz verweilt und verdammt teure Pralinen mit lieben Menschen, die reisen, wie sie es mögen, teilt. Meine Medizinerfreunde greifen lächelnd zu.

Meine erste komplette Etappe auf Schweizer Boden beginnt mit einem langen, aber gut beschilderten Weg aus Basel hinaus. Einmal rolle ich sogar auf eine riesige Tafel zu, an der die nächsten Ziele erfasst sind, dazu gehören sogar weiter entfernte Orte wie Wien, und auch mein Ziel Constanța ist mit knapp 3200 Kilometern angegeben. Ich bin gespannt, welche Finaldistanz mein kleiner Computer am Lenker ganz am Ende meines Abenteuers zeigen wird. Nicht nur die Extrarunden aufgrund meiner mangelhaften Orientierung sowie Umleitungen als Folge von Baustellen, sondern auch die ein- und andere kleine Abweichung zwischen Karte und Realität, die sich auf so langer Strecke vielleicht summiert, kann ein anderes Endergebnis als zunächst prognostiziert hervorbringen. Noch gehe ich von einer Gesamtstrecke von viereinhalbtausend Kilometern aus und selbst wenn ich die hohe Kilometerzahl, die mir noch bevorsteht, in Relation zu dem setze, was ich bisher gefahren bin, erfüllt mich mein Vorhaben weiterhin mit Freude statt mit Ehrfurcht. Der Gedanke daran, noch so viel Fahrrad fahren zu dürfen, ist einfach großartig und Probleme mit dem Allerwertesten habe ich dank lange eingefahrenem Brooks-Ledersattel nicht.

Das Radeln selbst empfinde ich auch heute als erfüllend, aber da die Umgebung nicht so schön ist, will keine hundertprozentige Radlerfreude auf-

Wegweiser mit Kilometerangaben

kommen. Ich hänge noch an den malerischen Wegen meines vorherigen Reiselandes, ja ich vermisse Frankreich richtiggehend. Bis auf einen angenehmen Waldweg ist die Streckenführung nämlich nicht sonderlich reizvoll, da auch größere Straßen in Sicht- und Hörweite sind. Hinzukommt, dass ich mich in einem Dorf verfahre, dann zwar nach Schildern fragen kann, die Antwort aber dialektbedingt nicht verstehe. Irgendwie finde ich auf die Hauptroute des EuroVelo 6, die ich gewählt habe, zurück. Sie verläuft südlich des Rheins, eine Alternative bietet der Weg auf deutscher Seite, zu der ich bereits hinüberwinken kann.

Ich quäle mich mehr, als dass ich während der knapp 85 Kilometer langen Etappe Spaß habe. Außerdem habe ich das Gefühl, dass mir der Ruhetag mehr geschadet als genützt hat. Nach aufeinanderfolgenden Einhundert-Kilometer-Etappen fühlte ich mich irgendwie fitter.

Erst ein penetrantes Hup-Geräusch holt mich aus meiner „Augen-zu-und-durch-Stimmung". Immer wieder hört es sich an, als würde mich gleich eine Familie mit aufgewecktem Kind überholen oder als sei ich mitten in einem Fußballspiel gelandet, begleitet von lärmenden Fans. Ich warte auf die Überholung, die ausbleibt, obwohl die Hupe immer näher kommt. Lust, mich umzudrehen, verspüre ich keine, geht es doch gerade bergauf. Ich schüttele den Kopf über meine eigene Ignoranz, als ich zwei sehr vertraute Stimmen vernehme. Didier und Claudine erscheinen neben mir und wollen wissen: „Hast du unsere Hupe denn gar nicht gehört?"

Wir verbringen die nächsten Kilometer zusammen, bis wir unterschiedlich pausieren wollen und uns damit wieder verlieren. Wir drei glauben an die Kraft des Universums und sind uns sicher, dass es uns bald erneut zusammenführen wird.

Gegen 17 Uhr erreiche ich den Campingplatz in Bad Zurzach, der so sauber ist, dass ich beinahe geblendet werde, als ich den Toilettendeckel anhebe. Eine Niederländerin und ich bleiben die einzigen Bewohner der gepflegten Zeltwiese und genießen viel Platz um uns herum.

Es ist bereits dunkel, ich liege in meinem Zelt und lese weiter in meinem Krimi, in dem junge Frauen ermordet werden, als ich ein seltsames Geräusch vernehme. Ein Grunzen kommt immer näher, es raschelt. Hellwach schiebe ich mir die Stirnlampe über den Kopf, öffne das Zelt und leuchte nach draußen. Mein Herzschlag beruhigt sich und ich lache kurz auf, denn ich sehe ein Igelpärchen, welches fröhlich schnaubend an mir vorbei spaziert. Okay, wir zwei Frauen sind hier offensichtlich doch nicht die einzigen Gäste …

Mein zweiter und somit auch schon letzter Radlertag in der Schweiz gefällt mir landschaftlich deutlich besser als am Vortag. Endlich führt der Weg mehr durch eine grüne Hügelwelt, weiter weg von lärmenden Straßen. Weinberge schmücken das Bild, fordern mich gleichsam, einmal sogar so sehr, dass ich ein Stück schieben muss.

Sehr touristisch wird es am Rheinfall, der zu den drei größten Wasserfällen Europas gehört. Ich befinde mich rund vier Kilometer westlich unterhalb der Stadt Schaffhausen und freue mich riesig, als ich auf meine französischen Eltern treffe. Sie haben die Alternativroute auf deutscher Seite gewählt und fanden diese Strecke empfehlenswert, sie sei kaum anstrengend gewesen und die Dörfer, die sie passierten, schön anzuschauen.

Nach einiger Zeit des Plauderns wollen wir zusammen weiter, ich fahre vor und stoppe, als ich einen guten Blick auf den tosenden Wasserfall erhasche,

Bergaufradeln in der Schweiz

den ich filmen und fotografieren will. Die Wassermassen stürzen an großen Felsbrocken vorbei in die Tiefe, so machtvoll, dass die einzige Farbe ein rauschendes Weiß ist. In gebührendem Abstand tummeln sich Boote, beladen mit Ausflüglern, die diese Naturgewalt vermutlich nicht nur sehen und hören, sondern vielleicht sogar anhand der nassen Gischt spüren können. Obwohl ich fürs Ablichten einige Zeit benötige und das Verstauen und Festzurren der Kameratasche ganz in Ruhe mache, schließen Didier und Claudine nicht wieder zu mir auf. Komisch, so weit können sie doch gar nicht entfernt sein, beginne ich mich zu sorgen. Ich warte noch ein Weilchen und schaue in die Richtung, aus der ich gekommen bin, von den beiden keinerlei Spur. Langsam rolle ich wieder los und bin etwas unsicher, ob sie heute, genauso wie ich, die Grenze überqueren und mein Heimatland erreichen können.

Suchend sehe ich mich auf dem rappelvollen Campingplatz Horn in der Gemeinde Gaienhofen südlich von Radolfzell, in Ufernähe des Untersees, nach ihnen um. Das Gewässer ist mit rund 62 Quadratkilometern das kleinere von zwei Seen, die dem Bodensee zuzuordnen sind. Ob Didier und Claudine auch hier sind? Entdecken kann ich sie leider nicht.

Zurückgeschaut ... Glücksmomente in der Schweiz

Schokolade macht glücklich und Schweiz und Schokolade gehören einfach zusammen, so viel war mir vor der Ankunft in diesem Land klar. Genauso wie mein Gastgeberehepaar auf dem Campingplatz in Basel stellte auch ich fest, dass Glück in einem selbst anwachsen kann, wenn man davon umgeben ist. Die ertauschten Süßwaren mit meinen Mitcamperinnen und -campern zu teilen, statt alles allein aufzuessen, war garantiert nicht nur für meine Hüften die bessere Entscheidung, sondern auch fürs Herz. Zu teilen, sich miteinander zu freuen, sind Glücksstifter, genauso wie eine sinnvolle Tätigkeit in Form der Arbeit mit Menschen, speziell Kindern. Wenn jemand wie mein Gesprächspartner im Baseler Waisenhaus über sein Berufsende hinaus freiwillig weiter tätig ist, verdient er einerseits Anerkennung und hinterlässt andererseits bei mir den Eindruck, dass der Einsatz fürs Gute nicht nur lohnt, um im weitesten Sinne unseren Erdball am Drehen zu halten, sondern auch, weil man ganz bestimmt selbst etwas ernten kann: mindestens ein Lächeln.

DEUTSCHLAND – Auf dem deutschen Donauradweg nach Passau ... rund 650 Kilometer

So habe ich mir das aber nicht vorgestellt! Was bitte ist das denn für ein Empfang in meinem Heimatland, das ich eigentlich ganz gerne mag? Ich bin geneigt, meine gute Meinung zu ändern.

Der Tag beginnt mit lautem Kindergeschrei und einem Ball, der gegen mein Zelt fliegt. Während des Frühstücks fällt eine Ameisenkolonie über mein Essen her und der erste Streckenabschnitt ist von etlichen Umleitungen betroffen, sodass ich unnötige Schlenker fahren muss. Heftiger Regen lässt mich an einem Supermarkt stranden, der leider geschlossen hat, warum weiß ich (noch) nicht. Da eine Wetterbesserung nicht in Sicht ist, akzeptiere ich nass zu werden und rolle weiter gen Norden, Richtung Tuttlingen, ein Ort, dessen Name lustig klingt, den ich aber bald aufs Heftigste verfluchen werde, weil ich fürchte, ihn aufgrund der herausfordernden Streckenführung niemals erreichen zu können. In einem Dorf, dessen Namen ich verdrängt habe, schickt mich ein Mann selbstbewusst in die falsche Richtung, was besonders fatal ist, da nicht einmal mehr der erste Gang hilft, sondern ich absteigen muss, so steil ist es. Natürlich bemerke ich den Fehler erst auf dem Gipfel, schimpfe vor mich hin und trete missmutig den Rückweg an, der immerhin zehn Mal so schnell geschafft ist.

Als ich denke, dass es schlimmer gar nicht mehr werden kann, verwandelt sich die Gegend in den Himalaja. Ja, ja, das ist vielleicht etwas übertrieben, aber der Weg geht kilometerlang ausnahmslos bergauf, ohne Möglichkeit, mal Schwung zu holen. Das Schlimmste daran ist, dass ich die Steigung mit den Augen kaum erfassen kann, denn unauffällig kriecht das Asphaltband in die Höhe. Jeden Zentimeter Anstieg spüre ich in Lunge und Oberschenkeln. Die Landstraße, auf der ich ganz allein bin, verhöhnt mich, gibt sich unschuldig, tut, als wäre sie harmlos, so hübsch, wie sie sich zwischen Wiesen und Wäldern entlangschlängelt.

Quälerei hoch Richtung Tuttlingen

Während der Regen eine Auszeit nimmt, lege ich eine Müsliriegelpause ein und versinke in Selbstmitleid. Beim Weiterfahren schreie ich die Berge an und beleidige sie mit Schimpfworten, die ich lieber für mich behalte.

Als ich irgendwann oben bin und weit übers sanfte Tal blicken kann, in dem die Wolken hängen, verstehe ich das Brennen in meinen Beinen, so eine Aussicht bekommt man wohl nur, wenn es zuvor wehgetan hat. Der kurze Genuss weicht, als ich in einem Wald noch einmal eine besonders steile Stelle nehmen muss. Zwei Radfahrer ohne Gepäck schieben ihre Drahtesel schon, machen mir aber Mut: „Bald geht es nur noch bergab!"

Sie sollen recht behalten, denn auf einer schmalen Straße rolle ich in das Tal, in dem Tuttlingen liegt. Hoffentlich lässt man mich noch hinein, nachdem ich diesen Ort aufs Gemeinste beschimpft habe.

Besonders heftiger Regen stürzt sich vom Himmel, als ich vor einem Supermarkt zum Stehen komme. Geschlossen! Was ist den bloß los heute? Wir haben doch einen Werktag, sichere ich mich mit einem Blick auf mein Handy ab. Wenigstens finde ich schnell eine Bäckerei mit Cafébereich, in dem ich neben einem älteren Ehepaar Platz nehme. Von ihnen erfahre ich, dass hier Feiertag ist, Fronleichnam. Gedanklich gehe ich meine Vorräte durch und stelle fest, dass ich mit dem Einkauf von Brezeln und einem belegten Brötchen hinkommen müsste.

Erst, als es trocken ist, mache ich mich auf den Weiterweg und darf mich sogar über Sonnenschein freuen, hier auf meinen ersten Kilometern auf dem Donauradweg. Er hat seinen Ursprung einige Kilometer vor Tuttlingen in Donaueschingen.

Die Donau ist mit einer Gesamtlänge von 2857 Kilometern der zweitgrößte Fluss in Europa, nur die Wolga ist länger. Kein anderer Strom auf dem Erdball berührt so viele Länder, wie es meine aktuelle und auch künftige Begleiterin tut. Es sind zehn. Davon werde ich acht besuchen, nur die Republik Moldau sowie die Ukraine fehlen mir zum Jackpot. Ich finde es sehr aufregend, mich nun bis zum Ende meiner Tour an einem einzigen Fluss orientieren zu können, ein beeindruckender Gedanke, einem Strom auf solch beachtlicher Strecke zu folgen. Als Magdeburger Kind liebe ich Flüsse und sende einen Gruß an meine etwas kürzere Elbe …

Auf dem Campingplatz Hausen im Tal

Auf meinem Weg durch ein weites Tal mit steilen Felsen, lerne ich zwei Männer mit Kindern, eines nicht viel älter als sechs Jahre, kennen. Nicht nur sie sind von meiner Tour beeindruckt, auch ich finde es klasse, wie die Kleinen auf ihren Rädern munter mitziehen. Der ältere Junge, vielleicht so um die zehn, hat sogar eigene kleine Gepäcktaschen. So nett sie auch sind, so sehr verstärken sie meine Vorahnung, dass der Donauradweg recht touristisch sein wird. Mancher Reisende hat mich vor meinem Start von Zuständen „wie auf einer Autobahn" gewarnt, erst hinter Wien werde es wieder ruhiger. Ich bin gespannt, wie ich diesen beliebten Weg wahrnehmen werde, freue mich nun aber erst einmal auf meine nächtliche Pause im Örtchen Hausen im Tal, wo ich mein Lager aufschlagen kann. Der Campingplatz liegt direkt an der Donau, die hier so verhalten fließt, dass das Spiegelbild der Bäume, die am Ufer stehen, perfekt ist.

Donauidylle

Nach drei Wochen Radlerzeit bin ich stolz auf die heutige Leistung und stelle fest, dass ich zwar kaputt bin, meine Reserven aber keinesfalls restlos aufgebraucht sind – und das nach gut 96 Kilometern, wovon viel zu viele bergauf führten …

Auf meinem Weg nach Ulm fällt mir mal wieder auf, wie kraftspendend das Beisammensein mit Menschen sein kann und wie sehr eine Begegnung mir Energie zu geben vermag. Selbstverständlich habe ich das schon unendlich oft bemerkt während all meiner Reisen und natürlich auch daheim, aber es kommt eben einfach mal mehr, mal weniger stark in mein Bewusstsein. Aktuell rühren meine Erkenntnisse vermutlich daher, dass ich in Gesprächen nun sogar länger als in der Schweiz auf deutschsprachigen Austausch setzen kann. Auch wenn ich mich in Frankreich gut geschlagen habe, so geht die Kommunikation in meiner Landessprache doch leichter.

Glücksgespräch in Sigmaringen

Während einer Picknickpause in Sigmaringen, Kreisstadt in Baden-Württemberg, mit einem Schloss, das auf einem Felsen über der Donau thront, setzt sich ein älterer Mann zu mir. Nachdem er den bepackten Fidibus gemustert hat, beginnt er unser Gespräch mit den Worten: „Ich hoffe, Sie erreichen Ihr Ziel trocken." Ich sehe zum Himmel, der gar nicht so bedrohlich wirkt und zwischen einigen bauschigen Wolken sogar weite blaue Flächen zeigt, und bedanke mich. Dann berichte ich von meiner Reise und stelle meinem Gesprächspartner recht schnell meine Lieblingsfrage, denn er wirkt sehr offen und fröhlich, sogar sportlich im blauen Poloshirt und mit Jeansshorts. Die Falten an Hals und Stirn geben sein hohes Alter preis, 81 Jahre, wie er mir verrät. Ein Mensch in diesen Lebensjahren hat sicherlich viel zu erzählen und vertritt interessante Ansichten, male ich mir aus. Sowieso unterhalte ich mich gern mit älteren Personen, deren Gemüt nicht selten von einer angenehmen Entspanntheit und Weitsicht gefärbt ist.

Mein Gesprächspartner muss nicht lange überlegen und antwortet: „Sigmaringen ist meine Heimat und das macht mich glücklich." Ich hake nach, was ihn zu dieser prompten Antwort bewogen hat, und erfahre, dass sein Vater sich einst beruflich nach Schlesien orientieren wollte und Sigmaringen nur zweite Wahl war. Zu dieser Zeit war er selbst noch kein Jahr alt, bekam also nicht mit, wie enttäuscht der Vater war, als die Familie nach Süddeutschland kam. Dann brach der Krieg aus und allen wurde klar, wie gut sie es getroffen hatten. Schlesien liegt größtenteils auf polnischem Gebiet.

„Wer weiß, wie es uns dort ergangen wäre, Sigmaringen ist nicht ganz so hart getroffen worden …", hält er kurz inne. „Ich hatte ein schönes Leben", fährt er fort und erzählt mir von seiner Arbeit als Sportlehrer im Nachbarort Mengen, wo er auch seinen Wohnsitz hatte. Die Arbeit mit den jungen Menschen habe ihm immer gefallen, eigene Kinder bekamen er und seine Frau nie. Er ist darüber zwar nicht erfreut, bereut seine Lebensentscheidung jedoch keinesfalls und erklärt mir: „Die Liebe zu meiner Frau war und ist immer so stark gewesen, dass ich nicht ohne sie sein wollte, auch wenn es mit dem Nachwuchs nicht geklappt hat. In diesem Lebensbereich sollten wir nicht bekommen, was wir uns wünschten." Ich nehme ihm ab, dass er seinen Frieden damit geschlossen hat. Das Ehepaar lebt mittlerweile in Sigmaringen, nicht mehr im Nachbarort, der ehemaligen Berufsstätte des pensionierten Lehrers.

Gewitter abwarten …

„Falls ich mal nicht mehr Auto fahren kann, ist das Leben in einer größeren Stadt einfach leichter", begründet er die Entscheidung. Mein drahtiger Gesprächspartner, dem sein jahrelanges Unterrichtsfach noch immer deutlich anzusehen ist, plant für den Nachmittag einen Besuch bei seiner Cousine, die ein Haus am See besitzt, in dem er sich abkühlen will – wenn das Wetter mitspielt. So verabschiedet er sich mit den Worten, mit denen er mich am Anfang unserer Unterhaltung begrüßte, „Ich hoffe, Sie erreichen Ihr Ziel trocken."
Der positive Nachklang dieser warmherzigen Begegnung verhallt leider, als erst ein Gewitter meine Pause erzwingt, dann ein seltsames Schleifgeräusch an meinem Fahrrad zu hören ist und ich mich schließlich frage, ob mein Zeitplan grundsätzlich nicht etwas zu straff ist. Bis Basel sah es ja noch ganz gut aus, aber hier und da schummeln sich nun ein paar Kilometer weg von der Theorie in die reale Praxis, und meine Verabredungen mit Daniel in Linz und Cornelia in Ungarn will ich einhalten. Da ich auf gar keinen Fall Abstriche beim Zusammensein mit Menschen machen möchte, hilft also nur weiter zu rollen, auch wenn Psyche und Oberschenkel gerade schwächeln. Solange Fidibus stark ist, soll auch mir das gelingen, denke ich, als ich an ihm herumdoktere und feststelle, dass das Schleifgeräusch vom hinteren Schutzblech

Sommersonnenwende im Zelt

herrührt. Dieses hat sich unter der wochenlang drückenden Last leicht abgesenkt und touchiert beim Fahren den Reifen. Es gelingt mir, alles so hinzubiegen, dass nichts mehr stört.

Am Ende des Tages schenkt mir die Sommersonnenwende, die ihrem Namen alle Ehre macht, einen langen Abend, der von einem farbenfrohen Sonnenuntergang gekrönt wird. Ein Dosenbier vor dem Zelt komplettiert meinen Feierabend.

Am nächsten Morgen kippt meine Stimmung wieder und ich fluche, als ich das durchtrennte Verbindungkabel zwischen meinem USB-Ladegerät und dem Nabendynamo in den Händen halte. Das hat mir gerade noch gefehlt! Ich bin kein Handy-Junkie und komme auch ohne Draht zur Außenwelt gut klar, aber als schnell erreichbaren Fotoapparat sowie Filmkamera für meine Tauschvideos kann und will ich aufs Smartphone als technischen Allrounder nicht verzichten. Da ich meine Zeit auf Campingplätzen nicht stundenlang an Steckdosen in Waschräumen verbringen möchte, bleibt mir also nur die Powerbank und die streikt.

Es geht zäh und schleppend an diesem Samstag los, lediglich mein BH, der nach der letzten Handwäsche noch nicht ganz getrocknet ist, wedelt fröhlich am Gepäckträger umher.

Glücklicherweise passiere ich bald schon in einem Dorf den Hof eines Elektroinstallateurs. Ein Bagger tuckert übers Gelände. Ohne zu zögern – wer weiß, wie lange hier am Wochenende gearbeitet wird – springe ich vom Sattel und bringe den Fahrer mit ausladenden Winkbewegungen zum Stehen. Dieser holt seinen Chef, der wiederum bereitwillig hilft. Der freundliche, wenn auch wortkarge Mann fügt die Kabel zusammen und ummantelt sie mit Isolierband, eines der wenigen Reparaturutensilien, die ich nicht mit mir trage. Meine Wahl fiel lediglich auf eine Handvoll Kabelbinder, die gerade wenig nützen.

Dann drückt mir der Handwerker die restliche Rolle des Tapes in die Hand und nickt. Ich will wissen, wie viel Geld er bekommt, woraufhin er nur abwinkt und „schon gut“ murmelt.

„Sie sind ein Schatz!“, danke ich überschwänglich und frage mich, welche Rolle wohl mein unübersehbarer BH in dieser Angelegenheit gespielt haben mag …

Mit Blick auf das Ulmer Münster, dessen Kirchturm mit 161,53 Metern weltweit der höchste ist, sitze ich in einem Hauseingang, die angewinkelten Beine nah am Körper, und warte auf Wetterbesserung. Zu sagen, es würde wie aus

Eimern schütten, wäre ein viel zu gut geratenes Kompliment. Traurig blättere ich durch mein Tourenbuch und stelle mir vor, wie schön meine Filmaufnahmen vom Fischer- und Gerberviertel werden könnten, wäre doch der Regen nicht. Das Areal gehöre nämlich zu den sehenswerten Ecken der Stadt, in der es leichtfalle, sich in eine Vergangenheit zurückzuversetzen, in der Angler ihre Waren lauthals anpriesen. Die windschief geratenen Fachwerkhäuser, eng beieinanderstehend, sollen einem die Gedankenreise in die alte Zeit ermöglichen …

Wenigstens habe ich die Ergebnisse eines anderen historischen Ereignisses, glaubt man der Sage, bereits gesehen. Überall entdeckt man ihn, den Ulmer Spatz: an Häuserwänden, als Restaurantname oder freistehende Skulptur. Die Sage, die sich um ihn rankt, begann mit der Errichtung der gotischen Kirche vor meiner Nase. Ihre Erbauer sollen es nämlich nicht geschafft haben, einen besonders sperrigen großen Balken durch das Stadttor zu bugsieren. Sie waren schon kurz davor, das Tor einzureißen, als sie einen Spatzen entdeckten, der mit einem Zweig im Schnabel längs durch die Pforte flatterte. Die Ulmer hatten ein Aha-Erlebnis, drehten den Balken um einhundertachtzig Grad und bekamen ihn so durch das Tor …

Julius glücklich in Ulm

Die Selbstironie der Ulmerinnen und Ulmer, die sich an den unübersehbaren Vogel-Figuren ablesen lässt, ist mir sehr sympathisch und ich verspüre Lust, ein paar Einheimische kennenzulernen und vielleicht sogar neue Glücksansichten zu erfahren. So schiebe ich Fidibus während einer Regenpause durch die Innenstadt und schaue aufmerksam nach rechts und links, bis mir in der schmalen Hafengasse ein junger Mann am Laptop auffällt. Gut geschützt sitzt er unter der Überdachung eines Lokals und wirkt irgendwie zufrieden.

„Ich bin Julius“, stellt er sich vor und lädt mich ein, Platz zu nehmen.

„Wohin willst du denn mit dem ganzen Gepäck?“, hakt er nach.

„Zum Schwarzen Meer, nach Rumänien.“

„Wirklich?“

„Wirklich."
Der Einstieg ist geschafft. Ich bestelle mir einen Espresso und erfahre von dem Mittzwanziger, dass er als IT-ler für den Verkauf von Software zuständig ist und nebenberuflich BWL und Wirtschaftspsychologie studiert. Nicht selten ist seine Arbeitswoche alles im allem 70 Stunden lang.
„Wenn ich gearbeitet habe und dabei das Gefühl erreichen konnte, etwas geschafft zu haben, dann fällt die Konzentration von mir ab und ich bin glücklich. Anspannung hängt sehr mit Entspannung zusammen und diese wiederum mit meinem Glücksempfinden", erklärt er mir und schiebt den zusammengeklappten Laptop erst einmal ganz beiseite.
Der gebürtige Ulmer trifft sich jeden Morgen gegen 7 Uhr mit dem Besitzer des „BAM BAM BBQ", wo wir uns gerade befinden, auf einen kurzen Kaffee, bevor dann jeder seiner Arbeit nachgeht. Die beiden Männer starten gern mit einem Plausch in ihren Tag.
„Ich mag diese Stadt", fährt Julius fort und lässt mich noch ein wenig an seiner Vergangenheit teilhaben: „Als Jugendlicher war ich im Zehnkampf aktiv, stand sogar kurz vor Olympia, lebte in Halle und den USA, wo das College für meinen Sport einfach bestens geeignet war. Meine Karriere endete verletzungsbedingt, aber ich muss sagen, die Zeit in den Staaten hat mir vor Augen geführt, wie gut wir es in Deutschland haben, allein über das bessere Sozialversicherungssystem könnten wir wohl ewig reden."
Ich nicke. „Ja, ich weiß, was du meinst." Diese Feststellung habe auch ich schon oft getroffen, vor allem bei Reisen in Länder mit einem weniger gut entwickelten Sozialsystem.
Während wir reden, klatscht heftiger Regen auf die Überdachung, aber ich bin entspannt, die nette Gesellschaft macht es mir leicht, mich zu entschleunigen. Ich sorge mich sogar kaum noch um die Weiterreise. Ich werde schon rechtzeitig in Linz sein …
Das Lokal ist Anlaufpunkt weiterer Einheimischer, die einander und den in Deutschland lebenden Griechen, Ioannis Manos, kennen. Eine junge Frau mit Hund begrüßt Julius, setzt sich zu uns, erkundigt sich neugierig nach mir und wird dann nachdenklich. „Ich bin glücklich, ja", ist sie sich sicher, „aber warum …?" Sie schweigt, bleibt noch kurz und bricht dann erst einmal zu einer Verabredung auf. Ich schaue ihr hinterher. Man kann also glücklich sein, ohne zu wissen warum … Weshalb auch nicht? Das Glücksempfinden ist ja nicht weniger wertvoll, bloß, weil man es nicht in Worte zu fassen vermag. Spüren zu können, dass man glücklich ist, sollte doch eigentlich genügen. Dennoch wissen viele, was sie glücklich macht, was in Situationen hilfreich

sein dürfte, in denen es mal nicht so läuft. Wenn ich weiß, was mich aufmuntert, dann kann ich es gezielt einsetzen und selbst dafür sorgen, dass es mir besser geht.

Meine Dankbarkeit, diesen Ort und seine Menschen gefunden zu haben, steigert sich, als mich Ioannis auf einen überbackenen Schafskäse mit herrlich knusprigem Baguette einlädt. Weil ich ihm eines meiner Shirts zum Tausch angeboten habe, sind auch wir ins Gespräch gekommen. Der Grieche findet

Tauschobjekt aus Ulm

nicht nur meine Reise beeindruckend und will, dass ich mich stärke, sondern ihm gefällt zudem die Idee des Tauschhandels. Seiner Herkunft entsprechend, hat er genau das Richtige für mich und drückt mir eine Flasche Ouzo in die Hände. Lachend nehme ich sie an, auch wenn ich mich jetzt schon frage, was ich mit der zerbrechlichen Ware, die ich wohl kaum abends allein im Zelt köpfen werde, anstellen soll. Ich stecke sie spaßeshalber in meine Trinkflaschenhalterung am Fahrradrahmen.

Die nächsten treuen Gäste lassen nicht lange auf sich warten und ich tausche mit einem reiselustigen Pärchen mittleren Alters Länder- und Radlererfahrungen aus. Zwischenzeitlich ist auch die junge Frau mit dem winzigen Hund wieder aufgetaucht, allerdings nur kurz, um mir mitzuteilen: „Die Frage nach dem Glück hat mich nicht mehr losgelassen, ich habe sie auch meiner Freundin gestellt, was uns regelrecht zum Philosophieren gebracht hat. Auf jeden Fall macht mich dieser kleine pelzige Kerl glücklich", verabschiedet sie sich schließlich ganz.

Nach ungefähr zwei Stunden hat sich der Himmel etwas beruhigt und ich kann den Weg zum nächsten Zeltplatz, der zwanzig oder dreißig Kilometer entfernt liegt, in Angriff nehmen. Meine Akkus sind aufgeladen, es ist okay, jetzt zu fahren.

Mit dem guten Gefühl, nicht nur genommen, sondern mit meiner Frage nach dem Glück vielleicht sogar etwas dagelassen zu haben, verabschiede ich mich. Zuletzt hatte sich ein anregendes Gespräch über dieses Thema entsponnen. Wenn ich mit meiner kleinen Forschungsfrage vielleicht dafür sorgen konnte, dass der ein- und oder andere sie weiterträgt, ins Gespräch kommt und feststellt, dass er schon viel Glückstiftendes in seinem Leben kennt, dann habe ich doch einen winzigen Fuß-, pardon, Reifenabdruck in der Ulmer Hafengasse hinterlassen.

Obwohl bereits kurz nach meinem Aufbruch das Himmelswasser so rasant fließt, dass es mir vorkommt, die Regentropfen würden einander gegenseitig von meinen Brillengläsern verdrängen, bin ich immer noch verdammt gut drauf. Julius hatte mir zum Abschied noch hinterhergerufen: „Danke, dass du mich angesprochen hast!"

Die Pause in Ulm bedeutete Glück für mich, denn der Umgang zwischen Wirt und Gästen und den Besuchern miteinander, war so wunderbar herzlich. Mich hat diese kurze Zeit förmlich mit guter Energie vollgepumpt. So liege ich in meinem Schlafsack und denke weder an meinen Zeitplan noch an die klitschnassen Turnschuhe im Vorzelt. Danke, murmele ich, als ich in der Nähe von Günzburg meine Augen schließe.

Ich bin in Bayern und das, was ich da auf Seite 67 im bikeline-Buch über den bevorstehenden Radweg nach Ingolstadt lese, klingt doch recht zuversichtlich und kommt meinen Oberschenkeln zu Gute: „Die Radroute verläuft abwechselnd auf Radwegen, ruhigen Nebenstraßen und unbefestigten Feld-, Wald- und Uferwegen. Nur selten fahren Sie auf verkehrsreichen Straßen. Es gibt nur wenige Steigungen entlang der Strecke."

Schön, freue ich mich bei einer Pause mit Blick auf eine Auenlandschaft, wie sie charakteristisch für diesen Streckenabschnitt ist. Eine Kopie des Himmels mit seinen dicken Wolken findet sich im schweigsamen Wasser darunter. Das Wetter gestattet mir wieder Gedanken an den Sommer, den ich nach einer kurzen 70 Kilometer-Etappe bei einem Bummel durch Donauwörth genieße. Ich wusste keinen Zeltplatz in meiner Nähe, als ich während des Radelns beschloss, es heute ruhiger angehen zu lassen, sodass ich in einer Pension untergeschlüpft bin. Da ich mich leicht angeschlagen fühle, erscheint mir diese Lösung als die vernünftigste. Ich versuche auf meinen Körper zu hören, schließlich ist er der Motor, der Fidibus zum Rollen bringt.

Die Stimmung in diesem 20.000-Einwohner-Ort ist sommerlich bunt, nicht zu „trubelig", genau richtig für mich. Die Stadt kam zu Wohlstand, da ein wichtiger Handelsweg, und zwar der zwischen Nürnberg und Augsburg, die Wasserstraße hier kreuzte. Eine Brücke, die in ihrer Geschichte an die 30 Mal zerstört und wiedererrichtet worden ist, verhalf zu Kapital. Heute noch zeugen die gepflegten Bürgerhäuser von der Blütezeit.

In ihrer ganz persönlichen Blütezeit befinden sich auch die beiden Menschen, mit denen ich auf einer Parkbank ins Gespräch komme. Der junge Mann und die Frau sind frisch verliebt und kommen von einer Downhill-Tour. Die vollgefederten Bikes liegen noch neben ihnen. Er geht dem actionreichen Hobby schon so lange nach, dass er von einigen Knochenbrüchen erzählen kann, während seine Partnerin erst seit einem Jahr dabei ist. Die zarte Blondine kam über ihn zum Biken.

Dass Verliebte scheinbar dauerglücklich sein können, ist kein Geheimnis. Mit Blick auf die Räder frage ich mich, ob dieses Glück bedeutsamer ist, wenn ein Hobby zwei Menschen verbindet. Wer wie fühlt, lässt sich wohl kaum messen, aber etwas weiter geschaut, dürften gleiche Interessen hilfreich sein für Beziehungen, deren Lebensdauer die anfängliche Verliebtheit hinter sich gelassen hat. Wenn man auf einer goldenen Hochzeit nach dem Erfolgsrezept fragt, heißt es wohl nicht grundlos: „Ich habe meinen besten Freund geheiratet." Gemeinsame Hobbys und miteinander über alles reden zu können, scheinen den wirkungsvollsten Klebstoff zwischen zwei Menschen zu bilden.

Richtig fit fühle ich mich trotz früher Schlafenszeit, Nutella-, Saft- und Joghurtfrühstück nicht, als ich mich gegen den Wind drücke, der mir gleich zum Tagesstart seine Kraft klar macht. Wahrscheinlich beeinflusst genau dieser Kampf mein Verhalten, als ich „ja" sage, ja zu einem Radler, den ich kennenlerne, weil wir gemeinsam an irreführenden Wegweisern in einem Wäldchen stehen und über den weiteren Routenverlauf rätseln. Wir kommen zu einer Entscheidung, schlagen die gleiche Richtung ein, wechseln ein paar Worte, bevor er mich fragt: „Wollen wir heute zusammen radeln?" Bis dato wünschte ich mir während des Fahrens nie länger als ein paar Kilometer Gesellschaft, fuhr lieber in meinem Rhythmus und zeigte mich offen für Einheimische am Wegesrand. Aber der Reisende, der sich mir als Gisbert aus der Nähe von Kiel vorstellt, gefällt mir auf Anhieb. Außerdem kommt mit ihm vielleicht die Leichtigkeit, die mein Tagesstart hat vermissen lassen.

Nicht nur das Fahrtempo haben wir gemeinsam, sondern auch einige berufliche Themen, über die wir uns angeregt austauschen. Gisbert ist ebenfalls Unternehmer und das sogar in einer Branche, die Schnittstellen mit meiner hat. Er ist Inhaber einer Druckerei und ist zudem für die Herausgabe einer kleineren Lokalzeitung verantwortlich. Als er auf seinen 60. Geburtstag zusteuerte, rückte der Traum einer längeren Auszeit so sehr in den Vordergrund, dass es nur noch hieß: Jetzt oder nie! Sorgsam und in langer Vorarbeit bereitete er seine Mitarbeiter auf eine dreimonatige Abwesenheit vor. Notfalls ist auch noch die Lebensgefährtin vor Ort, die reagieren könnte. Ähnlich lange wie ich radelt er nun schon mit seinen 40 Kilogramm Gepäck durch die Lande, allerdings ist er auf verschiedenen Radwegen im deutschsprachigen Raum unterwegs. Fehlende Fremdsprachenkenntnisse haben ihn bei seiner Routenplanung beeinflusst.

Wir reden die ganze Zeit miteinander und wie von allein landen wir in Ingolstadt, stellen die Räder ab und lassen uns auf einer Bank im Zentrum nieder. Die historische Altstadt ist weitgehend erhalten und ihre Bauten sind Zeugen aus allen Epochen der Stadtgeschichte.

Uns interessiert zunächst ein Gebäude ganz besonders, ein Supermarkt, gleich gegenüber dem gemütlichen, sonnigen Plätzchen, welches wir gefunden haben. In aller Seelenruhe können wir nacheinander Lebensmittel holen, da wir gegenseitig auf unser Hab und Gut aufpassen. Auch meine Film- und Fotoarbeiten erledige ich ganz unbeschwert, so laufe ich, nur mit meiner Kamera um den Hals, die Fußgängerzone auf und ab.

Beim Verlassen des Ortes suchen wir gemeinsam nach Schildern, was mein Radlerkollege mit den Worten: „Wie angenehm, einmal mit vier Augen nach dem richtigen Weg zu fahnden“ betont. Gisbert gibt zu, dass er auch schon einige Male hat suchen müssen, vor allem in Städten. Wie beruhigend zu hören …

Längst haben wir uns auf einen gemeinsamen Zielcampingplatz geeinigt, der meine Tagesetappe bei knapp einhundert Kilometern enden lässt. Gisbert ist heute einige Kilometer südlich von Donauwörth, wo er einen Campingplatz gefunden hatte, den selbst die Einheimischen, mit denen er auf seiner Suche gesprochen hatte, kaum kannten, gestartet. Wir tauchen auf dem Weg nach Neustadt an der Donau so sehr in private Themen ab, dass wir beim Treten keinerlei Anstrengung verspüren. Wie ähnlich unsere Sicht aufs Leben ist, zeigt auch Gisberts „Sekundenglück“. Jeden Tag notiert er sich, was ihn erfreut hat. Mal ist es die Entdeckung, dass er mehr zu essen hatte als gedacht, mal die Bushaltestelle, die er gerade rechtzeitig vor einem Wolkenbruch erreichte. Auch der Duft von Hagebutten oder anderen Pflanzen hat schon oft Wohlgefallen ausgelöst.

„Ich glaube, meine Nase ist in der letzten Zeit besser geworden. Aufgrund der starken Gerüche, denen ich sonst in der Druckerei ausgesetzt bin, hat mein Riechorgan wohl in all den Jahren etwas gelitten. Wie oft hat mich meine Partnerin schon gefragt, ob ich dieses oder jenes riechen würde, und ich musste verneinen.“

Gisberts Sekundenglück und der Duft der Natur

Hier auf dieser Reise erfreut sich Gisbert nun umso mehr an den Düften der Natur. Wir halten an einem Feld, wo ich meinen Begleiter fotografieren darf. Ich bin dankbar für das Motiv, weil es mir immer eine schöne Erinnerung an den schlanken Norddeutschen mit dem freundlichen Blick und dem gräulichen Haar sein wird.
Auf dem piekfeinen Ziel-Campingplatz feiern wir die Etappe bei eiskaltem Bier und genießen gemeinsames Sekundenglück, was wir eigentlich in „Stundenglück" umtaufen müssen, da wir auch gemeinsam kochen und bis spät in den Abend hinein plaudern.
Als ich vor dem Schlafengehen mein Zelt noch einmal kurz verlasse, sehe ich Gisberts Behausung leuchten. Während unseres Versuchs zu enträtseln, weshalb sein Gepäck um einiges üppiger ausfällt als meines, haben wir festgestellt, dass das wohl an seinem „Romantikpaket" liegen muss. Eine Lampe zum Aufhängen im Zelt, Lektüre sowie eine gemütliche Decke gehören dazu. Ich stelle mir vor, wie es mein Radlerfreund eingekuschelt und mit seinem Buch in den Händen gerade richtig schön hat. Mein Blick schweift von seinem hellen Zelt hinauf zum sternenübersäten Himmel. Wer weiß, wo seine Lampe morgen schimmern wird, unsere Wege werden wieder in unterschiedliche Richtungen führen …

Ein paar Schummelkilometer ermöglicht mir die Schiffsfahrt durch den berühmten Donaudurchbruch. Zwischen Weltenburg und Kelheim zwängt sich der Strom durch die Felsen des Fränkischen Juragebirges, eine Passage, die ich ausnahmsweise mal passiv zurücklege. Der Fahrtwind versucht gutzumachen, was der Helm mir täglich ruiniert. Er wedelt mir die Haare aus der Stirn und lässt mich tief durchatmen, während ich durchs Naturschutzgebiet gleite. Bis zu 80 Meter hohe Felswände weisen die Donau in ihre Schranken. Per Lautsprecher erklärt die Bootscrew die teils fantasievollen Namen der Kalkstein-Formationen. Da sind „Die drei feindlichen Brüder", die „Versteinerte Jungfrau", „Peter und Paul" …

In meiner vierten Radler-Woche erreiche ich auf dem Weg nach Regensburg die Zweitausend-Kilometermarke, die ich mittlerweile deutlich an meinem Spiegelbild ablesen kann. So eine Radtour ist die beste Diät. Auch wenn ich sie nicht unbedingt nötig hätte, freue ich mich doch über mein sportliches Erscheinungsbild, das lediglich farblich zu wünschen übriglässt. Harte weißbraune Übergänge an Beinen, Armen und Dekolleté werden mir wohl noch sehr lange Erinnerung an diese Tour sein.

Schummelkilometer per Schiff

Regensburg ist eine bemerkenswerte Stadt und mehr als zweitausend Jahre alt. Die Anzahl ihrer noch erhaltenen mittelalterlichen Gebäude ist beachtlich. Die Steinerne Brücke ist die älteste noch funktionierende Donaubrücke sowie „antikste" Brücke Deutschlands, der ich natürlich einen Besuch abstatte. Auch am Wahrzeichen – dem Dom – komme ich kaum vorbei, lande dort alsbald in einem Geschäft mit dem Namen „Hutkönig – Der Hutmacher am Dom". Meine Assoziation mit dem verrückten Hutmacher aus Lewis Carrolls Roman „Alice im Wunderland" könnte treffender nicht sein, denn als Disney für die Verfilmung der Geschichte auf der Suche nach einem Hutmacher war, der verrückt genug für diese Aufgabe sei, fanden sie den Hutkönig. Er war bereits bekannt für besondere Kreationen. Drei Tage und Nächte arbeiteten die Profis an dem, was später das Haupt von Hollywood-Ikone Johnny Depp zierte. Der Familienbetrieb, im Jahr 1875 gegründet, ist nicht nur Ansprechpartner für Prominenz und Medien, sondern zieht auch jede Menge Laufkundschaft in das zweistöckige Ladengebäude. Ich beobachte ein wenig das bunte Publikum, was sich hier tummelt. „Viel los? Ach nein", erklärt mir eine Mitarbeiterin mit goldenen Kreolen an den Ohrläppchen, „Heute ist das

Wetter viel zu gut, um shoppen zu gehen. An anderen Tagen ist das Geschäft bedeutend voller."

Wieder draußen blinzele ich in die Sommersonne. Es wimmelt nur so von Menschen, die durch die Gassen spazieren und unter Schatten spendenden Schirmen vor Cafés sitzen. Während ich an beeindruckenden alten Bürgerhäusern entlang gehe, sehe ich immer wieder Wegweiser zu Sehenswürdigkeiten, deren Anzahl so groß ist, dass sich die Anwesenheit all der fotografierenden Touristen von ganz allein erklärt. Es sind Museen, Gedenkstätten, Kirchen, Klöster und Parks, die der Besucher besichtigen kann …

Spaziergang durch Regensburg

Zurück auf dem Campingplatz lerne ich jemanden mit einem interessanten Job kennen. Wir sind Nachbarn und teilen uns eine Picknickbank. Es ist einfach, Kontakte zu knüpfen, wenn ich zelte. Ich mag es, dass wir Camper einander grüßen und über die gemeinsame Reise-Präferenz, die von räumlicher Offenheit geprägt ist, sicherlich einfacher in den Austausch kommen als Hotelgäste.

Wir stellen einander vor und ich erfahre, dass er Andreas heißt und als freiberuflicher Tourbegleiter arbeitet. Veranstalter buchen den Freelancer für Radwanderungen, die sie ihren Kunden anbieten. Für Andreas läuft dann der Arbeitstag im Wesentlichen so ab: Zum Hotel der Gäste fahren, Gepäck ins Auto verladen, checken, ob alles okay ist. Während die Ausflügler dann radeln, ist er immer in der Nähe, um bei Defekten und nach eventuellen Stürzen behilflich zu sein. Abends wird ausgewertet und gemeinsam gegessen. Je nach gebuchtem Paket ist er manchmal auch fürs Picknick zuständig. Wenn er Leerlauf hat, nutzt er die Zeit, sich Sehenswürdigkeiten anzuschauen, und später am Abend kostet er seine Alleinsamkeit auf Zeltplätzen oder in einer Bar aus. In seiner Hauptarbeitszeit, dem Sommer, ist sein Lebensraum der Wohnwagen, der hinter dem Auto hängt. Das Draußensein, was dieses Leben mit sich bringt, wäre wohl das, was mir daran besonders gefiele. Im Caravan hat Andreas zwar weniger Frischluft als ich in meinem Zelt, in Summe scheint sich sein Leben dennoch stärker draußen abzuspielen als meines. Wenn ich reise, bin ich 24 Stunden im Freien, ja! Die restliche Zeit jedoch ist mein Dasein wenig nomadisch. So ist meine größte Herausforderung nach langen Touren die Umstellung auf meine Wohnung und das Leben in abschließbaren Räumen. Ich liebe meine feste Behausung und habe glücklicherweise einen Balkon, aber mein Schreibtisch steht drinnen, ebenso meine Küche, die aus mehr als einem Campingkocher besteht …

Wenn Andreas mal gerade nicht auf Tour im Begleitfahrzeug sitzt, überführt er Autos von A nach B. Dass ihm auch nach zehn Jahren seine Jobwahl

Glücksplausch in Regensburg mit Andreas

gefällt, sehe ich dem aufgeschlossenen Gesichtsausdruck an, mit er sich über seine Unterlagen beugt, den Kuli in der Hand. Die Glatze, die bis auf ein paar wenige kaum sichtbare Stoppeln perfekt ist, steht seiner Kopfform ausgezeichnet, genauso wie die gleichmäßigen Bartstoppeln auf den Wangen zum Gesicht mit freundlichen Augen passen. Er ist der perfekte Kumpel-Typ.

Zwischen Regensburg und Passau liegen rund 160 Radelkilometer, das heißt, ich nähere mich der Grenze zu Österreich, Land Nummer drei nach Frankreich. Von meinen französischen Eltern Didier und Claudine fehlt weiterhin jede Spur, und ich überlege, ob ich Claudine, deren Handynummer ich besitze, eine SMS schreiben soll. Aber weil sowohl die beiden als auch ich daran glauben, dass wir erneut zusammenfinden, lasse ich es sein. Viel lieber möchte ich ihnen vollkommen unerwartet irgendwo begegnen, denn ich bin sicher, die Freude wird dann riesig sein.

Mittlerweile herrscht reger Schiffsverkehr auf der Donau, die in großzügigen Flussschlingen durch weite Ebenen zieht, bis sie Deggendorf, Pforte zum Bayerischen Wald, erreicht.
Vom hiesigen Campingplatz aus habe ich Zugang zu einer Badestelle. Ein Sandstrand lädt mich und andere Hitzeflüchtlinge ins erfrischende Nass ein. In der Elbe habe ich bis dato nur einmal unfreiwillig gebadet, so bin ich doch ein wenig überrascht, wie weit ich nach zwei, drei Schwimmzügen bereits abgetrieben bin. Ich muss ganz schön kräftig paddeln, um ans Ufer zurückzugelangen.
Freiwillig treibt mich dann die Aussicht auf ein kühles Getränk in die benachbarte Strandbar, wo ich es mir bei einem Radler bequem mache. Ich würde sagen, heute war der heißeste Tag meiner bisherigen Reise, aber nur in den Pausen quälten mich die hohen Temperaturen, während des Radelns ging es dank des Fahrtwindes. Ich habe knapp 95 Kilometer zurückgelegt und noch nicht zu Abend gegessen – vermutlich Gründe dafür, dass mir selbst ein Getränk mit einem Alkoholgehalt von nur 2,8 Promille in den Kopf steigt. Ich sinke etwas tiefer in meinen Liegestuhl, schaue auf den Fluss und meine fröhlich wackelnden nackten Zehen. Dann ergreife ich den Stift und fülle das Notizbuch auf meinem Schoß mit Sätzen, die ich hoffentlich später noch lesen können werde. Ich öffne mir ein zweites Radler … Eines der Worte, das ich heute festhalte, lautet: „Leichtigkeit“, denn genau die ist es, die ich an diesem sommerlichen warmen Abend fühle, mit Blick auf gut gelaunte Menschen und große sowie kleine Wasserfahrzeuge, die über die Donau schippern.

Kurs auf Venedig, „Venedig des Nordens“, so wird die Stadt Passau wegen ihrer barocken Fassaden auch gern genannt. Ich freue mich besonders darauf, am Dreiflüsseeck zu stehen, denn hier geht es wassertechnisch heiß her: Aus Richtung Norden kommt die schwarze Ilz, von Westen die blaue Donau und aus Süden nähert sich der Inn.

Doch bis es soweit ist, muss ich eine schmerzhafte Hürde nehmen. Es geschieht ungefähr bei Kilometer 40: Während der Fahrt, irgendwo vor Vilshofen an der Donau, der größten Stadt im Landkreis Passau, schießt mir ein Insekt durch den Helmschlitz an den Kopf. Mit einem von innen eingearbeiteten netzartigen Schutz wäre das wohl kaum passiert. Daran dachte ich beim Kauf leider nicht. Einem falschen Instinkt folgend, stecke ich meinen Zeigefinger in die Öffnung und erschrecke somit das Tier, das nun zusticht.

„Autsch“, jaule ich auf, bremse hart, hüpfe vom Sattel, klicke den Helm auf und reiße ihn mir vom Kopf. Benommen brummt eine Biene davon und lässt mich mit ihrem Gift zurück, lange wird sie vermutlich nicht mehr mit den Flügeln schlagen ... Ich befühle die Beule und spüre den Stachel darin stecken. Mangels Möglichkeiten, mir den Tatort anzuschauen, rolle ich nun erst einmal weiter und kann nicht aufhören, an zwei Menschen zu denken: Das australische Ehepaar vom letzten Campingplatz. Die beiden Frohnaturen Ava und Jack, er bereits in Rente, sind fit, weil sie seit Amsterdam schon zweitausend Kilometer zurückgelegt haben. Außerdem reisen sie per E-Bikes, was sie recht zügig vorankommen lassen dürfte. Dennoch sagt mir mein Gefühl, dass ich auf sie treffen werde. Oh ja, mein Gefühl, mein 7. Sinn, mein treuer Begleiter, bereits als Kind hatte ich ihn. Nicht selten habe ich des Nachts geträumt, was wenig später tatsächlich eingetreten ist. Meine Antennen fürs Unsichtbare sind mitunter äußerst fein und ich spüre Unstimmigkeiten oder Stimmungen, weiß manchmal sogar, wie es jemandem, zu dem ich eine enge Bindung habe, geht, auch wenn er kilometerweit entfernt ist und wir schon länger nicht mehr miteinander gesprochen haben. Ja, und auch hier auf dem Radweg, mit dem Stachel im Kopf, meldet sich mein 7. Sinn: Ich fühle die Nähe der Australier – entgegen aller Wahrscheinlichkeit, bezogen auf ihre frühere Startzeit sowie das höhere Tempo.

So stoße ich einen erleichterten Freudenschrei aus, als ich die Reisenden aus Down Under nur wenig später tatsächlich auf einer Bank entdecke. „Da seid ihr ja!“, begrüße ich sie und erzähle ihnen von meiner schmerzhaften Begegnung.

Ava schlüpft in die Rolle der Ärztin und entfernt den Stachel aus meinem Kopf. Im Anschluss schmiert sie die Einstichstelle mit einer Spezialsalbe ein, diese entziehe das Gift. Tja, wer, wenn nicht die Australier, haben die richtige Munition gegen angriffslustiges Getier ...?

Auf den folgenden Kilometern nach Passau liefern wir uns ein fröhliches Wettrennen, bis wir nahe des Ortsrandes beschließen zusammenzubleiben, um einander bei der Orientierung behilflich zu sein. Das klappt so gut und zügig, dass uns Jack zwei Kilometer vor dem Campingplatz zu einem großen Bier einlädt.

Es ist nicht ihre erste Europatour, und die beiden äußerst sportlich gekleideten Reisenden wollen noch nach Prag, sich vielleicht sogar ein Auto mieten, um damit nach Kroatien zu fahren. Besonders interessiert sind sie an der Geschichte des geteilten Deutschlands und animieren mich, in den Tiefen meiner Kindheitserinnerungen zu graben. Leichter fällt es mir, Erfahrungen meiner Eltern und anderer Familienangehöriger wiederzugeben. Ich selbst kann nur blasse Erinnerungsfetzen von mir als kleinem Mädchen in unendlich langen Warteschlangen vorm Konsum um die Ecke wiedergeben. Was ich aber aufgrund ihres historischen Interesses gepaart mit dieser Reise mal wieder bewusst fühle, ist meine tiefe Dankbarkeit dafür, im richtigen Jahr geboren zu sein. In den ersten vier Lebensjahren nicht reisen zu können, dürfte mir herzlich wenig ausgemacht haben. Die Vorstellung, als Jugendliche und darüber hinaus eingesperrt zu sein, erfüllt mich mit Entsetzen. Zum Glück darf ich mir die Welt anschauen und kann mit Menschen von ganz weit her, von der anderen Seite der Welt, hier sitzen und bei einem kalten Getränk plaudern.

Auf dem zentralen Campingplatz an der Ilz übernachten mit mir nicht nur Ava und Jack, sondern auch so viele andere Radwanderer, dass es endlich lohnt, den Ouzo zu öffnen und eine Runde auszugeben. Außerdem ist eine anständige Desinfektion von innen bestimmt gut für den Heilungsprozess meines Insektenstiches.

Im Ernst, ich halte mich zurück und nippe immer nur an der kleinen Pfütze in meiner Tasse, als ich das Feld von hinten aufrolle und die Wiese mit meiner Flasche in der Hand ablaufe. Ich schenke ein, wo es gewünscht ist, und bleibe auf einen kleinen Plausch. Darüber, dass die Innenstadt Passaus sehenswert ist, auch der Spaziergang zur Landzunge lohnt, um die Wassermassen der drei aufeinandertreffenden Flüsse auf sich wirken zu lassen, sind wir Camper uns alle einig.

Besonders interessant ist mein Stopp bei zwei jungen Männern, die zwar keinen Alkohol trinken, aber bei denen ich dennoch verweile. Sie sind Gesellen auf Wanderschaft und legen den Weg zum Schwarzen Meer per Kanu

Venedig des Nordens

zurück. Um die 40 Kilometer schaffen der Dachdecker und der Steinmetz am Tag, bleiben immer wieder länger an Orten, um dort zu arbeiten. Während der Wanderjahre dürfen sich die Handwerker ihren Heimatorten nicht mehr als 50 Kilometer nähern. In der Zeit ihrer Walz muss ihnen kostenfrei Unterschlupf gewährt werden, auch hier auf dem Campingplatz, wo sie lediglich zum Rasten sind.

Der Donauradweg in Deutschland – eine Autobahn? Noch war ich nicht in Österreich, dennoch würde ich nicht behaupten, ich sei auf einem Biker-Highway. Ich traf andere Reisende, ja. Mal mehr, mal weniger, dennoch hatte ich tagsüber auch immer genug Zeit und Platz für mich. Die Beliebtheit der Region spiegelt sich eher abends auf den Campingplätzen wider, wo ich mir die Ohrenstöpsel schon so manches Mal tief in den Gehörgang geschoben habe. Einige Urlauber, die keine Radreise machen, sondern aus anderen Gründen in die Donauregion kommen, lassen sich in teils bester Partystimmung nieder, so mein Eindruck.

An meinem letzten Abend in Deutschland und unter so vielen Gleichgesinnten, von denen ich einen Großteil – dem Ouzo sei Dank – kennengelernt habe, stört mich auch ein voller Campingplatz nicht. Die meisten hier sind Radsportler, die die Erholung in der Nacht zu schätzen wissen.

Zurückgeschaut ... Glücksmomente in meinem Heimatland

Menschen, Menschen und noch einmal Menschen haben auch meine Fahrt durch Deutschland bereichert, denn die Glücksrecherche ging in meinem Heimatland eng mit dem Zeitverbringen mit angenehmen Personen einher. Die Gründe, weshalb diese Menschen an den Orten waren, wo ich sie traf, entsprachen im Wesentlichen auch ihrer Antwort auf meine Frage nach dem Glück. Sicherlich hat sich Unternehmer Gisbert nicht ausschließlich auf diese Reise begeben, weil er nach intensiven Gerüchen und nach dem Sekundenglück suchte, sondern vor allem, weil er einen Traum wahrmachen wollte. Damit einher gehen wohl seine gewachsene Aufmerksamkeit für die Natur und die kleinen Dinge im Reisealltag, die sein Dasein bereichern. Auch Julius aus Ulm und Tourbegleiter Andreas haben mich mit ihrer Zeit und Einblicken in ihr Leben beschenkt. Dazu hätte es gar nicht kommen können, wären sie nicht gerade ihren glückstiftenden Arbeiten nachgegangen, als wir uns kennenlernten. Auf diese Weise entspann sich ein Glücksfaden von ihnen zu mir und verwob sich mit meiner Vorstellung, dass zum Glück Zeit mit anderen gehört, zu einem festen Band, das uns eine Zeitlang umschloss.

Den Wert einer friedlichen Heimat hat mir ausgerechnet in meinem Geburts- und Wohnland der pensionierte Lehrer aus Sigmaringen vor Augen geführt. Ja, ich weiß, ich habe sehr gute Ausgangsbedingungen für ein weiterhin glückliches Leben.

ÖSTERREICH – Von Passau über Wien nach Bratislava … rund 450 Kilometer

Auf der Beliebtheitsskala gibt es für den Donauradweg wohl doch noch ein paar Extrapunkte, denn der Abschnitt zwischen Passau und Wien ist dank kultureller sowie landschaftlicher Diversität und einer Vielzahl an historischen Zeugnissen eine der meist gefahrenen Radrouten auf unserem Kontinent. Mehr als 300 Kilometer geht es durch Täler, fruchtbare Ebenen und an steilen Weinterrassen vorbei. Bauernhöfe kontrastieren mit Prachtbauwerken wie dem Stift Melk und anderen prunkvollen Ergebnissen menschlicher Bauleistung, wie sie sich in der Stadt Wien häufen.

Die Grenze fast übersehen

Glück und Gastfreundschaft begegnen mir zunächst im besten Österreichisch in der Gestalt eines sportlichen Freizeitradlers, der mir nach einer 80 Kilometeretappe den Weg zu einem Campingplatz mit Badesee und Wassersportareal zeigt, indem er mich begleitet und dabei umfangreiche Informationen, wovon ich nur einen Bruchteil verstehe, über die Region vermittelt. Er ist genauso nett wie zügig unterwegs und bemerkt erfreulicherweise nicht, dass ich nur wenig von seinem in den Fahrtwind geplauderten Österreichisch enträtseln kann. Oh je, das kann ja sprachlich etwas werden …

Zum Glück wird es leichter, wenig später schon. Nach Zeltaufbau und erfrischender Dusche spaziere ich um den Badesee herum und lasse mich an einem Kiosk nieder. Hier sitze ich angenehm schattig und beobachte den Verkäufer – einen Mann mit einem einnehmenden fröhlichen Wesen. Er lächelt, witzelt mit den Kunden und strahlt mit der heißen Sommersonne um die Wette. Ich schaue ihn freundlich an. Es ist gerade wenig los und wir kommen ins – glücklicherweise für mich verständliche – Gespräch.

Er lädt mich erst einmal auf eine kalte Limo, einen Almdudler®, ein und nickt: „Du bist nicht die erste, die mich auf meine Fröhlichkeit anspricht. Nicht selten sind die Leute sogar verwundert über meine äußerst gute Laune." Er berichtet mir, dass er Haustechniker ist, dessen Aufgabengebiet sich auf Kiosk und Restaurantbereich bezieht. „Freunde und Kollegen können oft gar nicht verstehen, dass ich meistens gut drauf bin", erzählt er mir weiter und fährt fort, „Ich war körperlich einmal so kaputt, dass ich berufsunfähig war. Wenn du nicht fit bist und drei Kinder mit einer ‚Handvoll Euro' im Monat durchbringen musst, dann weißt du, dass ein gesundes Leben mit dem nötigen Kleingeld in der Hosentasche pures Glück bedeutet. Ich kann nun wieder arbeiten, habe zusätzlich zu diesem Job hier sogar noch eine nebengewerbliche Tätigkeit, die mir gefällt. Warum also sollte ich keine gute Laune haben? So herum muss die Frage doch lauten …" Seine strahlend blauen Augen spiegeln Frohsinn wider.

Ja, es stimmt und seine Gegenfrage ist wirklich interessant. Weshalb zeigen sich Menschen erstaunt darüber, wenn jemand gut drauf ist? Gehen wir etwa davon aus, dass es üblicher ist, unglücklich zu sein als glücklich? Ich behaupte von mir, dass ich einen grundsätzlich positiven Blick auf die Welt habe, kann aber auch nicht leugnen, dass manchmal Negatives versucht, einen Platz im Kopf zu ergattern. Menschen neigen dazu, sich auch an das zu erinnern, was schieflief. Manchmal schützt uns das vermutlich vor wiederkehrenden Ereignissen, mitunter stellt es sich schlichtweg in den Weg und hindert seinen flüssigen Lauf. Wie auch immer, Personen wie die Frohnatur vor meiner Nase tragen mit ihrer Gegenfrage dazu bei, den Fokus einmal mehr aufs Gute zu legen – etwas, was auch meiner Natur entspricht.

Kurz vor meinem Eintreffen in der Linzer Innenstadt bekomme ich die Chance, selbst Glück zu stiften, wenn auch mit leicht peinlichem Anstrich.

Aber wer so viel fragt, muss auch antworten beziehungsweise mehr noch: Taten folgen lassen.

Offensichtlich sind die Linzer in Partystimmung, denn ich rolle direkt in ein Fest hinein und parke meinen Fidibus vor einer Bühne.

„Sex, Drugs und Blasmusik!", rufen die Musikanten in meine Kamera, mit der ich schon einige ihrer Stücke filmisch festgehalten habe. Ich lache und schmettere meine Neugier direkt aufs Podium: „Wer von euch ist der Glücklichste?"

Einstimmig deuten die ausgestreckten Finger auf eine beleibte Frohnatur hinter einer glänzenden Tuba. Ich darf auf die Bühne kommen und meine Kamera ausrichten. Während ich das tue, erkundige ich mich bei dem breit grinsenden Blasmusiker nach dem Warum.

„Na, weil alles passt", erhalte ich die kurze, aber alles aussagende Antwort. „Wir haben unsere Musik, das Wetter ist herrlich und es gibt frisch gezapftes Bier", fügt er mit einem Augenzwinkern an. Ja, manchmal ist es eben auch ganz einfach.

Ich möchte die Bühne gerade wieder verlassen, als mich ein paar Männerstimmen mit einem tiefen „Mooooment noch!" aufhalten. Kaum habe ich mich umgedreht, halte ich auch schon einen Dirigentenstock in den Händen. „Jetzt bist du dran, das nächste Stück wird unter deiner Leitung gespielt!", fordert mich der Mann, der diesen Job sonst macht, auf.

Rote Farbe schießt mir ins Gesicht. Verlegen grinsend und hüstelnd versuche ich mich zu retten: „Oh nein, nein, also, nein, wirklich, das kann ich nicht, ich bin ganz schrecklich unmusikalisch, wenn ihr wüsstet, wie …"

„Wir begrüßen unsere neue Dirigentin", kündigt einer von ihnen mich unüberhörbar durchs Mikrofon an. Die Farbe auf meinen Wangen erreicht den Superlativ von „Rotsein" und dann geht es auch schon los. Irgendeines der Instrumente gibt einen Ton von sich. Schneller als ich „Tuba" sagen könnte, befinde ich mich auch schon mitten im Stück. Fröhliche Klänge schweben durch die Linzer Luft und ich wedele mit dem Stock. Ich habe keine Ahnung, was ich da tue und schwinge mein Utensil, so wie es ich für richtig halte. Zunächst verhalten, dann aber immer mutiger, angestachelt von den freundlich lachenden Gesichtern der Männer, die meinen Blick suchen. Alles ging so schnell, dass ich nicht einmal daran gedacht habe, meinen Helm abzusetzen. Es muss zum Schießen aussehen, wie ich auf dieser Bühne stehe, mit gepolsterter Radlerhose, Sportshirt, bruchfester Kopfbedeckung und dabei mit dem Stab fuchtele, in einer Bewegung, die ich „rhythmisch" nennen würde. Ob sie es ist? Zweifel sind berechtigt. Glücklicherweise schaffen die Musikanten

es auch ohne brauchbare Dirigentin ihr Stück gut klingen zu lassen. Sie verabschieden mich mit einem Tusch aus meiner „Orchesterkarriere". Vor der Bühne begegne ich dem redseligen Radler, der mich am Vortag zum Campingplatz geleitet hat. Was für ein Zufall! Er begrüßt mich mit den Worten: „Als ich gerade an der Bühne vorbeikam, habe ich dich gleich erkannt!"
Na Klasse!

Etwas mehr in meinem Element fühle ich mich, als ich mit Handykamera und Notizbuch bewaffnet eine Bäckerei betrete und eines meiner Tauschshirts über den Tresen hänge. Ja, ich möchte meinen Gruß aus der Heimat für eine lokale Spezialität hergeben, will wissen, wie sie schmeckt, die weltberühmte Linzer Torte. Mich einfach nur in ein Café zu setzen und ein Stück davon zu bestellen, erscheint mir weniger aufregend, als der Austausch mit dem jungen Mann hinter der Theke. Nachdem er sich telefonisch mit seiner Chefin abgestimmt hat, deren Begeisterung über den Tauschhandel ich sogar durch den Hörer mitbekomme, darf er mir eine ganze Linzer Torte für mein textiles Souvenir geben.
Mein Gesprächspartner berichtet mir, dass das süße Erzeugnis der Hofbäckerei schon Kaiserin Elisabeth, besser bekannt als „Sisi", verzückt hat und auf eine lange Geschichte zurückblickt. Bereits um 1696 fand diese Torte Erwähnung. Nüsse, Gewürze und Marmelade gehören hinein, die Einzelheiten sind selbstverständlich Firmengeheimnis, das seit Generationen in der Familie weitergegeben wird. Ich muss nur daran riechen, um zu wissen, dass mein neuestes Tauschobjekt die perfekte Radlernahrung darstellt, gehaltvoll und süß. Spezialitäten zu ertauschen, halte ich immer mehr für eine hervorragende Idee, zumal ich damit einen angemessenen Willkommensgruß für meinen Freund Daniel, der ganz bald schon an meiner Seite sein wird, habe.

Linzer Torte – Perfekte Radlernahrung

Ja, nicht nur der Monat Juni neigt sich seinem Ende zu, sondern auch meine Alleinsamkeit. Sie ist für mich etwas ganz anderes als Einsamkeit. Allein-

samkeit ist mehr eine Tatsache, die, im Gegensatz zu ihrem Gegenspieler, der Einsamkeit, nicht mit negativen Emotionen einhergeht.
Ich rühre in einer Eisschokolade im Außenbereich eines Cafés, ein Pärchen setzt sich zu mir an den Tisch und wir unterhalten uns einige Zeit sehr angeregt. Die beiden sind ebenfalls Reisende, allerdings auf vier Rädern, denn per Bus schauen sie sich Stadt und Land an.
Wie wird mein Zugang zu anderen Menschen sein, wenn mich erst Daniel, dann Cornelia begleiten? Aus der Erfahrung vorheriger Reisen weiß ich, dass der Kontakt zu Fremden schneller geknüpft ist, spaziert man irgendwo allein entlang. Allerdings haben mir, vor allem mit Cornelia, überall auf der Welt außergewöhnliche Menschen die teils verrücktesten Tage beschert, sodass sich die Waagschale neigt. In Begleitung bin ich doch etwas mutiger und ebne einmal öfter den Weg in ein skurriles Abenteuer.
Grundsätzlich, so auch auf dieser Tour, bin ich ein Mensch, der gut und gern allein aus- und mit sich zurechtkommt. An Tagen, wie dem mit Gisbert, fiel mir allerdings auf, dass mit Begleitern mehr Gelassenheit in meine Tour kommt. Ich lasse „Fünfe dann auch einmal gerade sein". Stunden- oder tagelang meinem Rhythmus zu folgen und aufs Reden zu verzichten, liebe ich dennoch. Es ist ambivalent: Mal ist Alleinsein das Richtige für mich und mal schätze ich die Gelöstheit, die sich mit Begleitern verstärkt. Ich stehe dem Zusammensein mit Daniel grundsätzlich aufgeschlossen gegenüber und bin gespannt, was uns erwartet. Wir kennen uns zwar bereits, seitdem wir drei Jahre alt sind, hatten uns jedoch auch jahrelang aus den Augen verloren. Außerdem waren wir noch nie länger zusammen unterwegs, sodass ich nur mutmaßen kann, dass das mit uns schon klappen wird.

Der Einladung von Markus Keppert, Spezialist für Mini-Camper, folgend, finde ich mich auf dem riesigen Ferienareal am Ausee hinter Linz im Paradies wieder. Markus, dessen Kontakt mir mein Vater, der zu diesem Zeitpunkt ebenfalls in der Campingbranche tätig ist, vermittelt hat, begrüßt mich mit eiskalten Getränken und einer Luxusschlafstätte. Ich darf im Kulba, einem kleinen kompakten „Teardropcaravan" – seine Tränenform ist Namensgeber – Gast sein, während Daniel ins Dachzelt darüber krabbeln wird. Ich kann Daniels Ankunft kaum noch abwarten, als ich unter die Folie des üppig beladenen Brotzeittellers, den Markus für uns beim Fleischer seines Vertrauens bestellt hat, linse.
Daniel rollt zur Abendzeit heran und begrüßt mich herzlich. Er hat bereits einige Tage Radlerurlaub im Gebirge hinter sich und sieht fit aus. Es gibt also

Einladung zum Ausee hinter Linz

genügend Gesprächsstoff für unseren ersten gemeinsamen Abend, den wir mit lokalem Bier bis zur Geisterstunde feiern.

Obwohl wir schon gegen 7 Uhr wach waren, kommen wir nicht vor 11:30 Uhr los. Die Reste des Festmahls vom Vorabend sind einfach noch so reichhaltig, dass es seine Zeit braucht, sie zu verzehren. Außerdem „bewältigen" unsere Mägen erfolgreich den Großteil der herrlichen Linzer Torte. Hinzu kommt, dass das morgendliche Fertigmachen und Zusammenpacken zu zweit mehr Zeit in Anspruch nimmt als allein.

Irgendwann um die Mittagszeit ist es dann aber soweit und wir erleben unseren ersten gemeinsamen Radlertag. Dieser ist streckenmäßig angenehm zu bewerkstelligen, beinhaltet sogar eine Flussquerung, die uns auf die Nordseite der Donau bringt, wo wir durch die Gemeinde Albern kommen. Ausgerechnet hier wächst Hanf in Hülle und Fülle, sodass wir gar nicht anders können, als selbst albern zu sein und uns einige Pflanzen unter die Brillenbügel zu schieben.

Vollkommen unberauscht erreichen wir gegen 18:30 Uhr nach 74 Kilometern Distanz seit dem Start am Ausee einen Kanuclub, auf dessen Wiesengelände sich eine Handvoll junger Menschen tummelt. Wir bitten um Campingerlaubnis und dürfen inoffiziell bleiben. Unser Gesprächspartner quittiert unsere Anfrage mit einem Augenzwinkern, gefolgt von den Worten: „Wir haben wirklich gar nicht bemerkt, dass ihr hier Zelte aufbauen wollt."

Albern in Albern

„Warum rückst du mir denn so auf die Pelle?“, will ich von Daniel wissen, der sein Zelt unnötig nah an meinem ausbreitet.

Offensichtlich ist sein Beschützerinstinkt entfacht und hat sich auf Höchststufe eingepegelt: „Ich habe ein Messer. Wir wissen schließlich nicht, wer sich hier des Nachts herumtreibt“, unterstreicht er seinen Standpunkt.

„Igel?“, ziehe ich ihn auf.

„Wer weiß“, brummelt Daniel.

„Ich schnarche“, versuche ich weiter für mehr Platz zu kämpfen.

Mit „Das machen Igel auch“ und „Ist mir egal“ beendet Daniel das Gespräch um den Lageraufbau.

Auch wenn ich seine Vorsicht für übertrieben halte, muss ich zugeben, dass seine Fürsorge irgendwie putzig ist.

„Hast du das mitbekommen?“, fragt mich Daniels zerzauster Kopf, als wir uns bei gleißender Morgenhitze aus den Zelteingängen anschauen.

„Was denn?“, hake ich nach und verstaue meine Ohrenstöpsel in der Packung.

„Es war etwas an meinem Zelt und das ist die Nacht über hier entlang geschlichen. Ich hatte das schon griffbereit“, fuchtelt Daniel mit seiner Messerklinge durch Luft.

„War bestimmt ein Igel“, beende ich dieses Mal das Gespräch und erfrische mich mit Donauwasser.

Abendliche Erfrischung

Der Anblick macht wirklich etwas her. Über eine Brücke schieben wir unsere Räder in Richtung der berühmten Benediktinerabtei Stift Melk, die etwas oberhalb auf einem Hügel einen prachtvollen Akzent setzt. Nach langer bewegter Geschichte erlebte das Kloster zu Beginn des 18. Jahrhunderts seine Blüte, und zwar unter dem Abt Berthold Dietmayr, der mit dem Baumeister Jakob Prandtauer denjenigen fand, der es zu dem machte, was es heute ist: ein Barockbau, der als Wahrzeichen der Wachau – so heißt die Landschaft hier – sogar zum UNESCO-Welterbe gehört. Mir gefällt vor allem die Farbgebung, selten habe ich Ocker derartig leuchtend erlebt. Der bewaldete Bereich unterhalb des Bauwerks und der blau-weiße Himmel darüber tragen vermutlich zur Strahlkraft bei. Uns grüßen die mächtigen Gemäuer sowie Kuppel und Türme nur von außen. Mir ist von diesem Kloster so viel vorgeschwärmt worden, dass es nur vernünftig ist, es einmal gesondert zu besuchen. Ein schnelles Reinspringen würde sich ihm keinesfalls als würdig erweisen. Und da es für uns Radler- und nicht Ruhetag heißt, setzen wir unseren Weg bald fort.

Und dieser Weg ist wirklich herrlich, es heißt, kaum eine andere Donaulandschaft könne mit der Wachau mithalten. Klimatisch günstig gelegen, gedeihen hier Trauben für weltweit hochgeschätzte Weine. Doch auch eine andere Frucht fühlt sich in dieser Gegend wohl und ist Grundlage für ein Getränk: die Marille, bei uns besser bekannt als Aprikose. Im „Paradieshof", der Name ist Programm, halten wir, um uns mit frischem Obst einzudekken. Die Mitarbeiterinnen und Mitarbeiter, die hier zumeist an Autofahrer verkaufen, empfangen uns äußerst herzlich, laden uns zu ausgiebigen Kostproben und einem Almdudler® ein, als sie die schwer beladenden Fahrräder sehen und von den Umfängen unserer Tour hören. Nach einem kleinen Rundgang übers Gelände bekommen wir noch zwei Miniatur-Fläschchen Marillenschnaps geschenkt und werden mit der Anweisung, sie erst zu öffnen, wenn wir den letzten gemeinsamen Radlertag geschafft haben, verabschiedet.

In der Wachau unterwegs

An Weinterrassen entlang gleiten wir durch die fruchtbare Landschaft und rollen durch kleine Orte, die uns an Mittelmeerregionen erinnern. Das Radeln ist nicht nur für uns ein Genuss, sondern auch für andere Zweiradfans. Aber auch wenn der Abschnitt sehr beliebt ist, muss ich erneut festhalten, dass ich ihn nicht als „Fahrrad-Autobahn“ bezeichnen würde.
Ob meine französischen Freunde, Didier und Claudine, diesen Landstrich auch gerade irgendwo genießen, frage ich mich, als wir von einem Hügel hinab auf die Donau schauen und beobachten, wie sie sich zwischen grünen Hängen hindurchschlängelt …

„Oh Gott, das ist der Wahnsinn, so etwas habe ich ja noch nie erlebt“, beurteilen wir einstimmig das Unwetter, vor dem wir uns gerade rechtzeitig unter eine Brücke gerettet haben.

Es stürmt so sehr, dass wir einander anschreien müssen, um uns zu verstehen, und nur in der exakten Brückenmitte ganz knapp vor dem Wegwehen geschützt sind. Ein Schritt vor oder zurück und Wasser und Wind würden uns erbarmungslos packen. Die Donau hat sich in ein graues Ungeheuer verwandelt, und die Büsche und Bäume an ihrem Ufer biegen sich, bis es weiter nicht mehr geht, bevor sie abknicken würden wie Streichhölzer. Die gegenüberliegende Uferseite ist nur noch als verschleierte dunkelgraue Wand wahrzunehmen. Worüber ich gerade glücklich bin, ist leicht zu erraten. Unser Platz ist Gold wert und hätte keine Sekunde später auftauchen dürfen, denke ich. Ich beobachte, wie die Wassermassen sich von der Brücke in die Donau sowie auf den Asphalt ergießen, um dann sogleich vom Sturm weggezerrt zu werden. Der Radweg, so scheint es, ist ein offenes Meer, auf dem kein Schiff mehr sicher wäre.

Als das Schlimmste vorüber und es wieder etwas heller ist, kann ich mich kaum halten vor Lachen, als ich bemerke, wie mein lieber Sandkastenfreund aussieht. Als alter Fahrradfanatiker hat er so ziemlich alles an Spezialkleidung dabei, was man gebrauchen könnte, so auch einen Regenschutz für Oberschenkel und Knie. Weil er aber statt Shorts gerade nur die hautenge Radlerhose trägt, sieht er von hinten aus, als wäre er auf dem Weg in den nächsten Sadomaso-Club. Die Riemen, die seine Beine umschlingen, tragen in der Rückseitenansicht zu diesem Eindruck bei und verstärken meine Belustigung … Ich finde das witziger als er.

Daniel checkt die Wetterprognose und stellt fest, dass uns so ziemlich genau eine Stunde bleibt, einen Wildcampingplatz zu finden, bevor der nächste Regen einsetzen soll. Ausgerechnet jetzt spielen uns die landschaftlichen Gegebenheiten nicht gerade ins Blatt und wir strampeln auf einer Bahn, die auf der rechten Seite vom Strom und auf der anderen von kleinen Abhängen beziehungsweise Gräben eingeengt wird. Geschützte Areale, die sich zum Campen eignen, befinden sich unerreichbar dahinter. Wir kurbeln so schnell, wie es die Kräfte nach rund 80 Kilometern noch zulassen, und sind überglücklich, als wir eine Verbindung in den Wald erreichen. Eine Brücke ebnet den Weg, lässt uns aber stocken, als wir das Warnschild an ihrem Ende ausmachen. Glücklicherweise gilt die Mahnung nicht dem Eichenprozessionsspinner, einem echt fiesen Schmetterling, dessen Raupen über ihre Brennhaare beim Menschen heftige Hautentzündungen, ja sogar Asthma, auslösen können. Eine Gefahr bestehe hier durch umstürzende Bäume, verrät uns die Tafel. Frohen Mutes, dass der heftige Sturm gerade alles heruntergefegt hat, was nicht mehr ganz fest war, hoppeln wir über einen Waldweg hinein, halten aber Ausschau nach einer Lichtung oder Schneise. Wer weiß, wann der nächste Sturm hereinbricht, und wenn es soweit ist, wollen wir keinesfalls in der Nähe eines Baumes stehen. Es dauert nicht lange, bis wir einen Jägerhochstand an einem weiteren Weg entdecken und ein schmales Rasenstück, das lediglich von Büschen und hohem Gras begrenzt wird. Die sonstige Umgebung ist frei und sicher, sind wir uns einig und bauen die Zelte auf. Der Abstand zueinander gleicht dem vom Vortag. Gut, dass ich Daniel heute deshalb nicht aufziehe, denn ich soll noch erfahren, wie sinnvoll seine Herangehensweise ist.

„Hast du das auch gehört?“, blicken wir nahezu zeitgleich von unseren dampfenden Kochtöpfen auf. Wir bestätigen es einander mit einem Nicken. Das Wetter hat sich gehalten, sodass wir uns bei geöffneten Zelteingängen gut sichtbar gegenübersitzen, die Löffel in der Hand.

„Ich denke, das war ein Hirsch“, ist meine Einschätzung des tiefen Brummens aus der Ferne des Waldes.

„Ich weiß nicht“, zweifelt Daniel, „Das klang in meinen Ohren anders.“

„Ein gefährliches Tier kann es nicht sein, die gibt es hier ja gar nicht, schließlich sind wir in Österreich und nicht in Kanada“, halte ich fest.

Damit ist das Thema erledigt, auch als das Geräusch später noch ein weiteres Mal zu hören ist. Es scheint allerdings so weit weg zu sein, dass ich tatsächlich beruhigt bin, auch wenn mein Angsthasen-Gen auf mögliche Tierbegegnungen mitunter recht hysterisch reagiert. Hier fühle ich mich wirklich sicher.

Es muss gegen elf sein, draußen ist es stockfinster, als ich gerade beim Einschlafen bin. Mein Bewusstsein befindet sich auf seinem sanften Weg vom Wachsein in einen wohligen Traumzustand, als ich plötzlich ein tiefes böses Schnauben vernehme, kurz, kräftig und robust. Auf diesen Laut folgt Daniels hektische Stimme, die „Verdammte Scheiße!“ ruft. Dann verschwindet mein Freund wild raschelnd im Zelt. Ich setze mich auf, mein Puls hat eine ungesunde Frequenz erreicht.

„Was ist denn bei dir los?“, rufe ich hinüber.

„Da ist ein Wildschwein!“, klärt Daniel mich außer Atem auf.

„Was?“, mein Herz schiebt eine Sonderschicht.

„Ich war gerade noch einmal austreten, wenige Meter neben meinem Zelt, als ich schemenhaft etwas Bulliges neben mir bemerkte. Erst dachte ich, es sei ein Busch, bis das tiefe Schnauben, was du wohl auch gehört hast, ertönte. Gewissheit hatte ich, als sich ‚der Busch‘ in Bewegung setzte und langsam auf mich zu kam. Den Rest hast du ja mitbekommen, ich bin nur noch ins Zelt gestürzt und halte jetzt mein Messer fest umklammert.“

Abendliches Notizenschreiben im Wildschweinrevier

Wir lauschen angespannt, hören aber absolut nichts mehr, was nach Wildschwein klingt.
„Ich glaube, es ist weg", überprüft Daniel mit einem Blick aus dem Zelt die Umgebung.
Ich nehme einen tiefen Atemzug und presse beim Ausatmen ein zaghaftes „Sicher?" heraus.
„Verdammte Kurzsichtigkeit!", tadelt Daniel sein Sehvermögen und nimmt sich vor, „Das nächste Mal präge ich mir die Umgebung bei Tageslicht besser ein, damit ich weiß, wo ein Busch steht und wo nie einer war."
Wir philosophieren durch die Zeltwände hindurch noch ein wenig über den möglichen Grund des Wildschweinbesuches. Was hatte die zuvor ausgestoßene unüberhörbare Warnung des Tieres zu bedeuten? Wir kommen zu dem Schluss, dass wir vermutlich auf dem Terrain des bulligen Paarhufers stehen, der bestimmt selbst überrascht war von unserer Anwesenheit. Die Tiere mahnen bei empfundener Gefahr, Erregung oder Unsicherheit mit dem Laut, der in der Fachsprache „Blasen" heißt.
„Wenn wir wirklich in sein Revier eingedrungen sind, könnte es doch sein, dass es wiederkommt und vielleicht bringt es dann Freunde mit", gebe ich zu bedenken.
„Ach, das glaube ich nicht", zeigt sich Daniel deutlich entspannter.
„Kannst du jetzt schlafen?", hake ich nach, immer noch eine Oktave zu hoch.
„Hm", tönt es von nebenan.

„Meinst du, wir sollten heute in einem Zelt nächtigen?“, füge ich kleinlaut an.
„Ich habe Bohnen gegessen“, gibt Daniel zu bedenken.
„Oh“, wäge ich Sicherheit gegen Schlafkomfort ab.
„Das passt schon“, beruhigt mich Daniel dann und ergänzt, „jetzt weißt du, warum ich die Zelte immer so nah beieinanderhaben will.“
Ich verspreche, dass ich das nie wieder anzweifeln werde, und verabschiede mich mit der Frage: „Dein Messer hast du griffbereit?“
Minuten später: Ein weiteres Mal reißt es mich in die Senkrechte, als ich ein Grunzen vernehme. Ich atme konzentriert, die Ohren auf Empfang. Um mich herum: Stille. Ich presse mir meine Hand auf den Mund, damit ich nicht lospruste, als mir dämmert, was das war: Mein eigenes Schnarchen. Zeit für Ohrenstöpsel!

Die Donaumetropole Wien kenne ich bereits, da ich sie mir während meiner Interrailtour vor einigen Jahren ausgiebig angeschaut habe. Aus diesem Grund beschränken wir unseren Aufenthalt weitestgehend auf den Besuch

Kurzer Aufenthalt am Prater in Wien

eines Fahrradgeschäftes, in dem ich mir einen neuen Gepäckträger kaufe. Sein Vorgänger schwächelt nämlich an einer Schweißnaht. Erfolgreich fixieren konnte ich das Material mit Kabelbindern und Tape. Da aber der Weg ans Schwarze Meer noch weit ist und ich mit Daniel, der den Beruf des Fahrradmechanikers einst erlernt hat, den perfekten Mann an meiner Seite habe, will ich die Chance auf Ersatz nicht ungenutzt lassen. Außerdem liegen mit Wien, Bratislava, Budapest und Belgrad insgesamt vier Hauptstädte an der Donau, sodass ich schon noch genügend Gelegenheiten haben werde, Metropolen-Luft zu schnuppern.

Zurückgeschaut ... Glücksmomente in Österreich

Ich muss in dieser Rückschau mit meinem eigenen Glück anfangen, denn dass Daniel und ich so gut harmonieren, obwohl wir nicht genau wussten, auf was wir uns, angesichts der jahrelangen Funkstille und der fehlenden Reiseerfahrungen als Zweierteam einließen, gleicht unsere gemeinsame Zeit wirklich einem kleinen „kosmischen Wunder", wie es Daniel in der Rückschau taufen wird. Wir sind uns nicht nur hinsichtlich Streckenlängen, Pausen und Schlafplatzwahl einig, sondern haben auch noch Spaß. Außerdem hat sich Daniel als äußerst kompetenter Beschützer erwiesen, wie seine „messerscharfe" Reaktion auf das Wildschwein bestätigt hat ... Ich freue mich darüber, dass wir gemeinsam noch zwei weitere Landesgrenzen überqueren werden: die slowakische sowie die nach Ungarn.

Mein Gespräch mit dem gut gelaunten Kioskmitarbeiter am Badesee hat gezeigt, wie eng die Fähigkeit Glück zu erkennen auch an vorheriges Unglück geknüpft sein kann. Wobei ich mir nur sehr schwer vorstellen kann, dass die Frohnatur, die ich kennengelernt habe, vor ihrer Berufsunfähigkeit ein echter Miesepeter gewesen sein soll. Das war sie vielleicht auch nicht ... Der Mann weiß jedenfalls, was er hat, und besitzt die Fähigkeit, sich freuen zu können, genauso wie der genügsame Blasmusiker, für den „alles passt".

Beim Unwetter unter der Brücke musste ich auch noch einmal an Gisbert denken, für ihn wurde der rechtzeitige Unterschlupf zum Sekundenglück. Recht hatte er!

SLOWAKEI, UNGARN UND KROATIEN – Von Bratislava über Budapest zur kroatisch-serbischen Grenze … rund 550 Kilometer

Kurzes Gastspiel in der Slowakei

Viele Radfahrer beenden ihre Touren in Wien, sodass der Weg nach Budapest als deutlich ruhiger gilt. Eine weitere Reduktion von Radtouristen passiert wohl noch einmal ab der ungarischen Hauptstadt, in die ich dann bereits mit Cornelia einlaufen werde. Erreichen wir Budapest, wird Daniel schon wieder im Magdeburger Alltags- und Arbeitsleben stecken. Gut, dass er mit mir aber noch über die österreichische Landesgrenze hinaus radeln kann, denn der Abschnitt entlang der slowakischen und ungarischen Donau soll spannend und abwechslungsreich sein. Das hat auch historische Ursachen. So teilte einst der Eiserne Vorhang den Kontinent in zwei Lager. Heute müssen wir nicht einmal durch eine Grenzkontrolle, um die alte, vormals abgeriegelte Grenze zu passieren. Lediglich ein Schild am Straßenrand markiert die Eintrittspforte in mein fünftes Reiseland. Darauf steht „Slovensko“.

Grenzübergang in die Slowakei

Mir ist klar, dass der Weg mit zunehmender Ausrichtung gen Osten weniger asphaltierte Radwege bietet und immer öfter über Landstraßen führen wird. Ich freue mich aber auf mehr Abenteuerlichkeit, die allein schon infrastrukturell bedingt aufkommen wird. Die Suche nach Schlafplätzen, sofern wir mal gerade nicht wildcampen wollen, ist interessanter, wenn es nicht alle paar Kilometer einen Campingplatz gibt. Auch die Kommunikation wird – so vermute ich – einmal mehr mit Hand und Fuß erfolgen.

Der Radweg nach Bratislava ist gut und unsere Fahrt über die Brücke Nový Most hinein in die Altstadt angenehm. Die Donaumetropole ist die einzige Hauptstadt der Erde, die an zwei Staaten grenzt, und sie gilt als politisches, wirtschaftliches und kulturelles Zentrum des Landes.

In Bratislava

Daniel und ich schieben unsere Räder auf das prachtvolle Nationaltheater zu, es ist das älteste Schauspielhaus der Slowakei. Der helle Neorenaissance-Bau wird von einer Terrasse geschmückt, von der es einen wunderschönen Ausblick auf den ganzen Platz vor dem Opernhaus zu genießen gibt. Und auf diesem stehen wir und nehmen die belebte Sommerstimmung in uns auf. Überall spazieren Menschen entlang, richten ihre Kameras aus oder sitzen vor Cafés und unterhalten sich.

Den Klängen einer Harfe folgend, gehen wir in eine Gasse. Ich erblicke ihren Spieler, einen Mann um die Siebzig. Ich mustere seinen Gesichtsausdruck, der zwischen konzentriert und verbittert schwankt. In einigen kurzen Momenten huscht ein Lächeln über Augen und Mund. Die Klänge seiner Musik wirbeln durch die Luft. Ein Stück folgt dem nächsten. Ich will seine Darbietungen gern mit der Kamera aufnehmen, bin mir aber nicht sicher, ob er damit einverstanden ist. Es gelingt mir seinen Blick einzufangen. Ich lächele ihn an, nicke fragend und deute auf meine Kamera. Er reagiert auf meine stumme Bitte mit einer knappen Kopfbewegung, die ich als ein Okay identifiziere. Daraufhin filme und fotografiere ich ihn mit seinem Instrument. Nachdem er ein Stück beendet hat, spreche ich ihn an, zunächst mit meinem slowakischen Brief. Zu gern möchte ich wissen, wie er reagiert, wenn er erfährt, woher ich komme, was ich mache und dass ich mich für das interessiere, was Menschen glücklich macht. Während er liest, beobachte ich seine unergründliche Mimik. Er faltet den Zettel zusammen, gibt ihn mir, öffnet den Mund und begrüßt mich doch tatsächlich auf Deutsch, gebrochen, aber verständlich. Erstaunt erwidere ich die Worte. Dann erfahre ich den Grund für seinen sonderbaren Gesichtsausdruck, denn seine Antwort auf die Frage, ob er glücklich sei, ist gleichermaßen ans Glück wie ans Unglück geknüpft. Der 73-jährige Mann war einst Berufsmusiker, wurde aber zu Zeiten des Kommunismus wegen irgendetwas – was, bekomme ich leider nicht heraus – von einem spitzelnden Kollegen verraten. Die Geheimpolizei rückte ihm auf den Leib und das Musikmachen wurde ihm verboten. Das hatte zur Folge, dass er heute eine viel zu geringe Rente bekommt und diese, hier zwischen den Touristen, mit der Harfe aufbessert. Überhaupt einen Platz zum Spielen zu haben, mache ihn glücklich. Seinen dunklen traurigen Augen entnehme ich jedoch auch weiterhin mehr Gram als Freude. Nur noch einmal fährt ein kurzes Lächeln über sein Gesicht, als ich ihm eine Magdeburg-Postkarte schenke. Aufgeregt deutet er auf den Stadtnamen und erklärt, er kenne meine Heimat, habe dort sogar einmal Orgel gespielt. Seine grauen Haare, die kranzförmig um den Kopf herum wachsen, sind so lang, dass sie wild in alle Richtungen deuten. Zum Abschied mache ich ein Foto des dünnen Mannes, welchem ich die Bildunterschrift „Der glückliche Unglückliche“ gebe.

Ich sehe mich noch einmal nach ihm um, während Daniel und ich uns, die Räder schiebend, langsam durchs sommerliche Getümmel entfernen. Er spielt längst das nächste Stück, so nehme ich nicht nur Freude über die Begegnung und die Klänge noch ein paar Meter mit, sondern auch eine bedrükkende Traurigkeit. Ja, ich muss Orte spüren, um das Gefühl zu bekommen,

dagewesen zu sein, und Emotionen bescheren mir vor allem die Menschen. Die Gefühle, die der Harfenspieler in mir zurücklässt, wissen aber nicht so recht, wie sie zu bewerten sind.
Meine Emotionen bekommen auch gar keine Chance sich zu entfalten, denn das bunte Hier und Jetzt reißt sie schnell fort. Längst gehen wir durch die nächste Gasse, drücken uns an plaudernden Flaneuren vorbei, schielen auf bunte Eisbecher und erschnuppern den Duft von Gebratenem. Dann verfängt sich mein Blick an der Staffelei eines Straßenkünstlers, dessen fröhlicher Gesichtsausdruck mich ermuntert, ihn anzusprechen. Unser Gastspiel in diesem Land währt nur kurz, dennoch habe ich auch für die Slowakei mein Kontaktmittel, wie ich den T-Shirt-Gruß aus meiner Heimat gern nenne, dabei. Und dieses Souvenir präsentiere ich nun dem attraktiven Zeichner mit Strohhut und gepflegtem schwarzgrauem Vollbart. Er signalisiert mir, Platz zu nehmen, was mich wundert, denn meine Idee war es, dass er mir für das Kleidungsstück vielleicht eines seiner Kunstwerke in Postkartengröße gibt, welches ich als sehr wertvolles Tauschobjekt betrachte. Er hingegen hat andere Pläne und will mich doch tatsächlich porträtieren! Unfassbar, was für ein deutlich kostbarerer Gegenwert!

Wertvolles Tauschobjekt in der Slowakei

In der folgenden Stunde verliere ich mich in den schönen warmen Augen meines Zeichners. Er spricht noch besser Deutsch als der Harfenspieler und erzählt mir von seiner 30 Jahre alten Tochter, die in Deutschland studiert hat. Er selbst hat zudem deutsche Wurzeln, sodass er sich meine Muttersprache in Eigenregie angeeignet hat. Er lebt hier in der Stadt mit seiner Partnerin, deren Lächeln meinem gleichen soll. „Du lächelst genau wie meine Freundin“, versichert er mir mehrmals, wobei er mir wiederum sein bestes Strahlen schenkt. Er ruft die Liebste sogar kurz an, um ihr vom „Lächel-Zwilling“ zu berichten.
Nicht nur wir hängen mit den Blicken am Gesicht des jeweils anderen, auch unzählige Passanten bleiben stehen, um Realität und Abbild zu vergleichen. Viele heben die Daumen und nicken bestätigend, auch Daniel zeigt sich begeistert, während er eine Zeitraffer-Aufnahme anfertigt.

Das Ergebnis endlich in den Händen haltend, kann auch ich mitreden und konstatieren: Fantastisch! Das betrifft das künstlerische Ergebnis und die großzügige Geste, die Quell dieses Souvenirs ist.

Weg raus aus Bratislava

Zurückgeschaut ... Glücksmomente in der Slowakei

Angesichts der sehr kurzen Zeit, die wir in diesem Land verbracht haben, entspann sich lediglich ein Glücksgespräch und ausgerechnet das ließ mich mit ambivalenten Gefühlen zurück. Richtig glücklich war er nicht, der Harfenspieler, was nachvollziehbar ist, wenn man seine Geschichte kennt. Kann man überhaupt von echtem Glück sprechen, wenn jemand von einem Negativ-Ereignis des Glücks beraubt wird und es dann als glückliche Situation benennt, dass er aus der Not eine Tugend gemacht hat? Ja, im Schlechten etwas Gutes finden zu können, ist eigentlich eine sehr kraftvolle Eigenschaft, die ich bewundere. Nur sah ich dem Harfenspieler auch seinen seelischen Ballast an und frage mich, ob die Musik ihn unter den gegebenen Umständen der geringen Rente wirklich glücklich macht.

Ich denke noch einige Male an den dünnen Mann und frage mich, wohin er am Ende des Tages zurückkehrt: Wie sieht seine Wohnung aus, hat er Frau und Kinder, gar Enkelkinder, die ihn besuchen? Spielt er ihnen auf seiner Harfe vor ...?

Teamwechsel in Ungarn

Bis zur ungarischen Grenze ist es nicht mehr weit und über gute Dammwege kommen wir zügig voran, die Region ist landwirtschaftlich geprägt und eben. Schon auf den ersten Metern in diesem neuen Reiseland fühlen Daniel und ich uns wohl und beschreiben es einstimmig als ein Gefühl des Ankommens, obwohl wir gar kein Ziel hatten, zumindest noch nicht. Warum auch immer erscheint es uns, als sei es hier ein paar Grad wärmer, gar nicht unbedingt auf dem Thermometer, sondern lediglich in unserer Wahrnehmung. Schon mit Verlassen Österreichs haben wir uns sprachlich von unseren Wurzeln entfernt. Ungarisch beherrschen wir beide nicht. Dem Wohlbefinden tut diese Ahnungslosigkeit aber keinen Abbruch, im Gegenteil – vielleicht ist es genau das, was den Reiz ausmacht.
Dass Sprache eine Barriere sein kann, aber nicht muss, erfahren wir an einer Tankstelle, an der wir Fidibus reinigen wollen, damit er für Daniels Zwischendurchsicht tauglich ist. Uns fehlt noch die nötige einheimische Währung für

den Automaten, was wir einem Mann, der vor den Toren der Tankstelle mit einem weiteren plaudert, mit Händen und Füßen verdeutlichen. Derjenige von ihnen, der hier verantwortlich ist, winkt Daniel ins Gebäude, deutet unauffällig auf die Überwachungskameras an der Decke und lotst ihn dann in einen Nebenraum, wo er seinem Geschäft als Geldwechsler unbeobachtet nachgehen kann. Der Kurs, den er bietet, ist fair, sodass Daniel gleich etwas mehr als nur ein paar Münzen eintauscht. Mein Gesprächspartner vor der Tür ist ein älterer zahnloser Herr mit tiefen Stirnfurchen, Äderchen auf den Wangen und einer knallroten Nase. Er hat mitbekommen, dass wir eines der Räder reinigen wollen, und hat die passende Vokabel – wie es scheint sein einziges deutsches Wort – parat. „Puuuutzen" tönt es fröhlich zusammen mit einem leichten Schnapsdunst aus seinem Mund. Ich nicke höflich und wiederhole bestätigend: „Putzen, ja!", dabei deute ich auf Fidibus. Er freut sich und einmal Gefallen an diesem Wort gefunden, lässt er es immer wieder ertönen: „Puuuutzen, Puuuutzen, Puuuutzen!"

Daniel beim Puuuuutzen

Nach einigen Minuten erlöst mich Daniel mit ein paar Scheinen in der Hand aus dem tiefsinnigen Dialog und macht sich ans Reinigen meines Fahrrades. Nach getaner Arbeit rollen wir vom Gelände, begleitet von der fröhlichen Stimme des sympathischen Trinkers: „Puuuutzen, Puuuutzen, Puuuutzen!"

Ein Wiesenplatz am Wegesrand einer wildromantischen Kleingartenanlage wird zu unserem Nachtlager. Wir sehen im Laufe des Abends zwar nur zwei, drei Menschen, sind uns unseres exponierten Plätzchens aber bewusst. Ja, das Wildcamping hat wie alles seine Vor- und Nachteile. Mit nächtlichen Überraschungsbesuchern, die es vielleicht nicht immer gut meinen, egal ob menschlicher oder tierischer Natur, ist an solchen Plätzen wohl mehr als auf Campingplätzen zu rechnen. Touristische Schlafareale hingegen nehmen einem teilweise das Naturerlebnis und konfrontieren von vornherein mit möglicherweise bis in die Nacht feiernden Nachbarn. Campingplätze punkten allerdings auch mit Gleichgesinnten wie meinem Gesprächspartner Andreas in Regensburg, und – nicht zu vergessen! – einer warmen Dusche. So schätze ich alles in allem die Abwechslung bei der Wahl der Schlafplätze.

Es ist Daniels und mein letzter Abend zu zweit, worauf wir mit „der Marille", dem geschenkten Obstbrand, anstoßen. Am folgenden Tag erreichen wir Gyór, eine der größten und wichtigsten Städte der Kleinen Ungarischen Tiefebene, wo Cornelia per Zug landen wird. Wie sich das Reisen mit ihr anfühlt, weiß ich bestens. Unsere gemeinsame Reisebiografie ist umfänglich, beinhaltet verschiedene Länder und Formen des Unterwegsseins. Zwischen Bachelor- und Masterstudium an der Hochschule in Magdeburg, wo wir uns auch kennenlernten, fing es mit der ersten Pilgerreise durch Spanien an. Es folgten Radtouren, Zugreisen, Städtetrips, Studienreisen und Abenteuer per Anhalter – zwischen Osteuropa und Westkanada. Wir wissen also, wie unser Zweierteam tickt, auch beim Zelten, was wir – so oft es geht – in den kommenden Wochen wild genießen möchten. Ein Blick in die Vergangenheit zeigt, dass Cornelia dabei stets unausgeschlafener wegkommt als ich. Sie verzichtet nämlich auf Ohrenstöpsel, ganz im Gegensatz zu mir, die keinerlei herumlaufende Maus piepsen hören mag. Ich bin ja kein Unmensch und habe meiner Freundin schon oft die bunten Schaumstoffpropfen offeriert, aber sie lehnt immer ab. Dass wir beide unbemerkt abgestochen oder aufgefressen werden, ist für sie offensichtlich keine Option. Bitte, ich habe es angeboten … Zum Glück ist immer alles glatt gegangen und ich glaube daran, dass es das auch weiterhin tun wird.

Wie gut Cornelia wohl heute Nacht schläft? Sicherlich ist sie aufgeregt. Noch ein letztes Mal schließt sie die Augen im heimischen Bett, dann geht es los. Innerhalb eines Tages wird sie den Weg auf Schienen und mit ihrem Fahrrad im Schlepptau von Magdeburg bis zum vereinbarten Zielort schaffen.

Während die Reise meiner Freundin damit gerade erst beginnt, habe ich meine Heimatstadt vor fünf Wochen das letzte Mal gesehen, Bergfest also.

Ich observiere das Display meines kleinen Computers und stelle fest, dass ich gut 300 Kilometer weiter als anfänglich berechnet gefahren bin. Mehr als 2600 Kilometer trat ich nun schon in die Pedale. Das erklärt den ein- oder anderen längeren Tag. Aber egal, mit dem Empfang von Cornelia am Bahnhof ist die letzte Verabredung eingehalten. In der zweiten Hälfte der Tour gibt es keine festen Dates mehr, außer mit dem Schwarzen Meer, aber hier sind wir flexibel, irgendwann in der ersten Augustwoche wollen wir eintreffen, mehr ist nicht fix.

Mit Sandkastenfreund Daniel in Ungarn

Ein Mann mit struppigem schneeweißem Haar, nicht viel größer als ich, winkt Daniel und mich während des Frühstücks aufgeregt in seinen Garten, in dessen unmittelbarer Nähe wir die letzte Nacht verbracht haben. Er lotst uns in einen Schuppen, in dem eine rechteckige Konstruktion, randvoll mit klebrigen Waben, steht. Das zähflüssige Produkt, welches hier entsteht, füllt er uns in ein Glas. Wir bedanken uns mit der passenden Vokabel, was ihm ein amüsiertes Lächeln entlockt. Für jede Sprache habe ich Höflichkeits- und Begrüßungsworte notiert, für mich ein Zeichen des Respekts gegenüber den Menschen, die mich als Gast in ihrem Land akzeptieren. Winkend spazieren wir vom Grundstück zurück zu unseren Zelten und schlemmen Honigbrote, bis wir nicht mehr können. Die Nacht in der Kleingartensparte war also eine gute Entscheidung, nicht nur weil sie sicher war, sondern auch, weil wir willkommen waren, wie die Begegnung mit dem Honigmann uns verdeutlicht.

Am Zusammenschluss zweier Flüsse, die hier in die Donau münden, haben wir mit Gyór einen Ort erreicht, der bereits im 18. Jahrhundert wirtschaftliche Bedeutung dank des Donauhafens erlangt hatte. Heute noch ist er für Ungarn ein wichtiger Industriestandort mit namhaften Größen wie Audi und dem Modelleisenbahnhersteller Märklin.

Das Rathaus von Gyór

Auch die Liste der Sehenswürdigkeiten ist bedeutsam und lang. Eine barocke Innenstadt lockt mit Museen, Galerien, einem weltbekannten Ballett und Musikfestivals. So passieren wir eine Bühne, die noch im Schönheitsschlaf dämmert und auf den nächsten Auftritt wartet. Mich beeindruckt vor allem das Rathaus, ein Gebäude im Neobarock-Stil. Es ist u-förmig, verfügt über drei Stockwerke und wird von einem Uhrenturm sowie zwei weiteren kleinen Türmchen geschmückt. Die Springbrunnen davor lassen das sommerliche Flair zum Höhepunkt werden und sind ein herrliches Fotomotiv. In der Fußgängerzone befinden sich nicht nur Skulpturen und Cafétische, sondern es tummeln sich auch schrille Typen wie jener, dessen Frisur auf seinen gefiederten Freund abgestimmt ist: Ein knallbunter Papagei macht mehr oder weniger brav Kunststückchen. Gyór, ein interessantes Fleckchen Erde. Wenn ich mich auf ein Wort für diesen Ort festlegen müsste, wäre das „Wohlfühlen“.

Zusammenkunft in Gyór

Genau das machen wir an diesem sonnigen Julitag noch bis spät in die Nacht, zusammen mit Cornelia, die wir pünktlich am Bahnhof in Empfang nehmen konnten. Wir kochen, was das Zeug hält, trinken, lachen und genießen die herrlich harmonische Stimmung auf einem weitläufigen gepflegten Campingplatz, den Daniel und ich bereits am Nachmittag auserkoren haben.

Cornelias Fitness fügt sich glücklicherweise bestens in den wochenlang eingeschliffenen Radlerrhythmus und sie genießt den Weg über größtenteils ruhige Landstraßen, durch Dörfer, aber auch einmal über einen Wiesenweg, der mich am meisten durchschüttelt. Die Bodenbeschaffenheit meiner gesamten Strecke über den Kontinent im Blick, habe ich mich nämlich zugunsten besserer Kraftübertragung gegen Federgabeln an meinem Fidibus entschieden.
Kurz vor unserem Tagesziel, Dunaalmás, um die 80 Kilometer von Gyór entfernt, treffen wir in einer Ortschaft auf eine Frau, die hier zusammen mit ihrem vielleicht zehnjährigen Sohn eine Broschüre verteilt. Sie lächelt uns an, weshalb wir erst langsamer werden, dann absteigen. Die winzige Zahnlücke zwischen den Vorderzähnen der Frau ist ein interessantes Detail im sorgfältig zurechtgemachten Gesicht. Auf dem Kopf sitzt eine dunkle Sonnenbrille und die rotlackierten Zehen stecken in ebenso roten Riemchensandalen, dazwischen ein sportlicher Körper im Blümchen-Top.
Wir bemerken, dass die einzige Sprache, die wir beide beherrschen, französisch ist, und kommen ins Plaudern. Ich will wissen, worum es in ihren Heftchen geht, und sie erklärt mir, es sei eine Infoschrift, die Gesundheitsthemen behandele. Das Wohlergehen ihrer Mitmenschen läge ihr nämlich sehr am Herzen.
Sie will wissen, woher wir kommen und wohin es noch gehen soll. Ich erzähle ein wenig und zeige dabei ein paar Bilder auf der Kamera. Dass ich gern Menschen fotografiere und mich dafür interessiere, was sie glücklich macht, füge ich an, woraufhin sie eifrig nickt: „Oh, ja, Glück! Das setze ich mit Gesundheit gleich."
Ich nicke und zeige auf die Räder, denn ohne eine gesunde Grundfitness wären wir gar nicht hier. Gesundheit ist für mich das höchste Gut und schon lange kein unverständlicher Geburtstagswunsch mehr, wie ich ihn als Kind wohl kaum begreifen konnte. Wenn ich nicht gerade eine Erkältung oder auch schon einmal eine Blinddarmentzündung hatte, so verstand ich den Hype um die Gesundheitswünsche damals wohl kaum. Schon länger, vielleicht seit meiner Jugendzeit, weiß ich um den Wert eines funktionierenden Organismus und teile die Ansichten meiner Gesprächspartnerin.

Sie fährt fort: „Wenn nicht nur ich, sondern auch alle um mich herum fit sind, dann ist das großartig. Ich befasse mich beruflich mit Akupunktur und anderen Methoden, und es kommt mir vor allem darauf an, die Menschen zu befähigen, sich selbst gesund zu erhalten. Wenn das gelingt, bin ich glücklich“, schließt sie.

„Also Gesundheit bedeutet Glück und dein Job beinhaltet Gesundheit und wird somit ebenfalls zum Glück“, versuche ich es zusammenzufassen.

„Richtig!“, strahlt mich die dunkelhaarige Frau an.

Ihre positive Stimmung nehmen wir noch ein Stückchen mit, bis wir an einem Ort anhalten, den wir für den von ihr empfohlenen Campingplatz halten.

Eine fröhliche Schar wohlgenährter Burschen am Grill, dessen Rost sich vor dicken Steaks biegt, winkt uns aufs Gelände. Wir entdecken eine Wiese mit Zugang zur Donau und einen Kiosk mit Sitzbänken oberhalb des Stromes. Erst, als die Männer auf unsere Frage, wer denn die Campinggebühren bekäme, lachend abwinken, ist uns klar, dass das kein öffentlicher Platz ist, sondern das Ergebnis der Aufgeschlossenheit und Großzügigkeit der feiernden Ungarn.

Der Staffelstab wandert von Daniel, mit dem wir die letzten Stunden vor seiner Rückreise verbringen, in Cornelias Hände. Tagsüber ist Daniel einem anderen Weg gefolgt, weil er zum Abschluss noch einmal unbefestigte Routen nehmen wollte, um seinem Offroad-Herz zu geben, was es braucht.

Nun hat das Team „Schwarzes Meer“ also seine finale Konstellation erreicht.

Frauenpower mit Cornelia

Tags darauf haben Cornelia und ich ein Nachtlager auf einer Wiese unmittelbar am Donauufer, kurz vor der Stadt Vác. Bis in die ungarische Metropole Budapest ist es nicht mehr weit und wir freuen uns über die natürliche Umgebung, womit wir nicht allein sind. Zwei Frauen sind hier mit vier großen Hunden unterwegs. Ich spaziere mit den nackten Füßen gerade durchs seichte Uferwasser, als eines der Tiere sich neugierig schnüffelnd nähert. Die jüngere der beiden will den Hund gerade zurückpfeifen, als ich ihr zu verstehen gebe, dass ich keinerlei Angst habe. Die beleibte Frau ist erleichtert und deutet auf unsere Räder sowie das Zelt in unserem Rücken.

Auf Englisch, was sie sehr gut spricht, erzählt sie mir dann, dass sie und ihre Mutter bis vor Kurzem in Vác gelebt haben. Weil ihnen der städtische Trubel und die Touristen zu viel wurden, zogen sie hinaus ins Ländliche. Das sei auch für die Hunde, die uns pausenlos um die Beine tollen, die bessere Wahl. „Diese", deutet sie auf zwei der Hunde, „gehören meiner Mutter und die anderen sind meine", erklärt sie mir.

Ich erfahre noch, dass sie allen Vierbeinern ein Leben im Tierheim erspart haben und das bereits vor drei Jahren, als der erste Hund in ihre Obhut kam. Jeden Abend gehen die beiden Frauen gemeinsam am Ufer spazieren und ermöglichen den lebhaften Tieren, die ihnen bis zu den Oberschenkeln reichen, ordentlich Auslauf. Es scheint, als profitieren gleich sechs Lebewesen von dieser Entscheidung. Mutter und Tochter entfernen sich plaudernd über den feuchten Kies, während die Vierbeiner Flusswasser aufwühlen.

Um zu wissen, dass ein Haustier den Menschen glücklich machen und mit seinem Verschwinden ebenso in tiefe Trauer stürzen kann, muss man keine Hollywood-Blockbuster geschaut haben. Ich habe einige Menschen in meinem Umfeld, die ihre Vierbeiner lieben, und bin manchmal selbst etwas traurig, dass ich auf jeden Tierfussel allergisch reagiere. Dann tröste ich mich mit den Gedanken an die unmöglichen Uhrzeiten, zu denen ich – alles andere als eine Frühaufsteherin – los müsste, inklusive Hundekotbeutel …

Ankunft in Budapest

Stunden später, von den Mücken längst verjagt, beobachten wir durch die Fliegengitter unseres Zeltes hindurch ein Kreuzfahrtschiff auf seinem Weg durch die Nacht. Die knallbunten Lichter erhellen das Wasser und geleiten den brummenden Koloss durch die Dunkelheit. Seit Kelheim, zwischen Ingolstadt und Regensburg gelegen, ist die Donau für die Binnenschifffahrt freigegeben. Es kommt mir vor, als läge es ewig zurück, dass ich mit meinem Fidibus einer Donau folgte, die anfänglich wie ein zartes Äderchen durch Deutschland floss.

St. Stephans Basilika in Ungarns Hauptstadt

Mein treuer Begleitfluss trennt Buda von Pest, die Teile, die Ungarns Hauptstadt bilden. Acht prächtige Brücken sind Verbindungen für Passanten und Autofahrer. Es heißt, kaum eine andere Metropole wende der Donau so sehr das Gesicht zu wie Budapest. Gassen kontrastieren mit ausladenden Boulevards, Alleen und großen Plätzen. Sehenswürdigkeiten wie zum Beispiel die berühmte Fischerbastei, ein neoromanisches Monument, welches das Stadtbild prägt, haben unserem Aufenthaltsort den Ruf einer der schönsten Städte auf dem Globus eingebracht. Das lässt sich auch an den Touristenströmen, unter die wir uns lieber ohne Räder mischen, ablesen. Vor allem auf der Kettenbrücke, die zwischen 1839 und 1849 erbaut wurde und die älteste und bekannteste der Budapester Straßenbrücken über die Donau ist, drängen sich die Touristen mit ihren Fotoapparaten. Was die Stadt zu bieten hat, ist viel und manches davon

wie das Budaer Burgviertel steht sogar auf der Liste des UNESCO-Weltkulturerbes. Es ist uns unmöglich innerhalb eines halben Tages die Stadt richtig kennenzulernen. Weil es uns jedoch mehr in ruhigere Gegenden zieht, wollen wir auch gar nicht länger bleiben und akzeptieren, die Stadt im Schnelldurchlauf zu erleben.
Ich will unseren Besuch zusammenfassen: Bummel zu allen Sehenswürdigkeiten, die fußläufig nach einer 50 Kilometer-Etappe noch entspannt zu erreichen sind, Pausen bei landestypischen Köstlichkeiten wie Lángos und einem Gericht, was unter „ungarischer Platte" firmiert, sowie ein angeregter Reiseplausch im „Bikercamp" mit Sportler Steffen aus der Nähe von Leipzig, der uns aufgrund seiner aufgeschlossenen Art, aber auch seines bemerkenswerten Tagespensums von 150 bis 180 Kilometern in Erinnerung bleibt.

Nach anfänglichem „Verfahrstress" geht es von Budapest aus südlich, teilweise auf langen Wiesenwegen. Wir radeln gern durch die dünn besiedelte, landwirtschaftlich geprägte Puszta, manches Mal auch auf asphaltierten Dammwegen. An Kanälen entlang, durch Dörfer an Sonnenblumenfeldern vorbei geht es mal mehr mal weniger geebnet voran.
Den deutlich verringerten Tourismus erkennen wir vor allem am Umgang der Einheimischen mit uns, wir werden neugieriger gemustert und in Gespräche verwickelt, nicht selten mit Hand und Fuß, während wir vor Läden oder Supermärkten picknicken.
Hilfsbereitschaft und Freundlichkeit begegnen uns auch in der Gestalt des Kfz-Mechanikers, der meinen Fahrradständer repariert. Glücklicherweise hat das Teil dieses Mal nur eine Schraube verloren und ist anders als sein Vorgänger nicht abgebrochen. Während der lächelnde Mann um die sechzig nach dem passenden Ersatzteil sucht, erklärt er mir ganz nebenbei, dass es ihn glücklich mache, wenn er uns helfen kann. Ohne Umschweife stellt er klar, dass eine Bezahlung seiner Leistung gar nicht in Frage kommt.
Ein Förster, auf dessen Gebiet wir beim Wildcampen unwissentlich unterhalb eines Dammes gelandet sind, schenkt uns eine Dose Mückenspray und lässt uns gewähren. Die stechenden Biester stehen ihren finnischen Artgenossen übrigens in nichts nach. Wir sprechen aus Erfahrung und erinnern uns nur zu gut daran, wie wir in Nordeuropa keine Sekunde im Wald ohne Schutzmittel auskamen. Auf der jetzigen Tour fing es irgendwo in Deutschland an, schlimm zu werden. Die winzigen Plagegeister sind an manchen Abenden kaum noch mit Chemie zu bekämpfen, sodass wir uns nicht selten in den Schutz unseres Zeltes begeben. Hätten wir geahnt, wie schlimm es werden

würde, wäre unser elektronischer Stichheiler gegen Juckreiz im Gepäck gelandet. Er hätte die kleinen Plagegeister zwar nicht vertrieben, aber immerhin dafür sorgen können, dass es nicht den ganzen Abend ständig irgendwo juckt.

Auf Wiesenwegen hinter Budapest

Zurückgeschaut ... Glücksmomente in Ungarn

Anderen etwas Gutes tun ist das, was ich am stärksten mit dem Glück in Ungarn verbinde. Dem Kfz-Mechaniker bereitete es eine Freude, uns zu unterstützen, auch der Honigmann und der Förster mit seinem Mückenspray waren Menschen, die uns Gutes taten und dabei lächelten. Jemandem etwas geben – das lässt sich auf Mitmenschen anwenden, aber ebenso auf Tiere. Mutter und Tochter, die ihre Hunde aus dem Tierheim holten, sind die besten Beispiele dafür.

Auch die Frau mit ihrem Sohn, die wir vor Dunaalmás trafen, will, dass es ihrem Umfeld gut geht, weshalb sie sich um die Gesunderhaltung ihrer Mitbürger sorgt. Damit will sie eine Basis schaffen, ohne die wohl keiner in der Lage ist, für einen anderen da zu sein. Es ist ein wenig wie mit der Anweisung zur Sauerstoffmasken-Nutzung im Flugzeug – erst die eigene Maske aufs Gesicht, dann Mitreisenden helfen. Das hat rein gar nichts mit Egoismus zu tun, sondern niemand, der nicht selbst stabil ist, kann einem anderen wirklich konsequent helfen. Es ist nicht nur okay, für sich selbst zu sorgen, sondern Grundlage für ein funktionierendes Miteinander.

Abstecher nach Kroatien

Der Verlauf des EuroVelo 6 beinhaltet verschiedene Varianten, die uns zwischen mehr Strecke in Kroatien oder Serbien entscheiden lassen. Aufgrund dessen, was ich in der Vorrecherche über Serbien gehört habe, fällt unsere Wahl auf dieses Land. Ganz außen vorlassen wollen wir erstgenannten Staat aber auch nicht, sodass wir in Mohács, einer ungarischen Stadt am rechten Donauufer, in der Nähe der Grenze zu Kroatien und zu Serbien mit der Fähre übersetzen. Wenig später geht es bei Udvar hinüber nach Kroatien. Zum ersten Mal während meiner Tour muss ich meinen Pass hervorkramen.

An der Grenze Kroatiens

Wir drängeln uns frech an der Autoschlange vorbei und treffen auf einen freundlichen Grenzbeamten, der uns nach einem kurzen Abgleich zwischen Foto und echtem Gesicht passieren lässt. Dann führt uns der Weg über Landstraßen und durch Siedlungen noch ein paar Stündchen fröhlich durch Kroatien, bis es an der Zeit ist, ein Nachtlager zu finden.

Zunächst landen wir auf dem Grundstück einer alten Frau, deren Sohn wenige Worte Englisch spricht. Sie laden uns nicht nur zu einer kurzen Rast bei Limo und Gebäck ein, sondern erklären uns auch den Weg zu einer Pension. Leider stellt sich die Unterkunft als recht großes Apartment heraus, dessen Buchung uns für nur eine Nacht wenig sinnvoll erscheint. Eine Campingerlaubnis bekommen wir leider auch nicht. So rollen wir weiter und werden bald auf zwei Personen aufmerksam, die sich unterhalten, ein Mann und eine Frau. Er spricht gut Englisch und erklärt uns, dass es richtige Campingplätze leider nicht gebe, dann gleitet sein Blick auf die kleine zierliche Frau neben sich. „Sie hat Platz, ihr Grundstück ist riesig, da könntet ihr zelten!", platzt er heraus, ohne sie vorher zu fragen.

Damit kommt das Ganze ins Rollen, die Mittfünfzigerin hat keine andere Wahl mehr, als uns bei sich aufzunehmen. Nach kurzem landessprachlichem Wortwechsel „muss" sie auf ihr Fahrrad steigen und uns den Weg zu ihrem Haus weisen. Cornelia und ich schauen uns etwas zögerlich an: „Oh je, das nenne ich mal überrumpelt!", hält meine Freundin fest.

Ivana, so hat sie sich vorgestellt, spricht etwa zu gleichen Teilen einige Brokken Englisch, Deutsch und Russisch, sodass unsere Kommunikation ein wirklich ideenreiches Kauderwelsch ist. Ich habe erst vor Kurzem angefangen, mir erste russische Vokabeln anzueignen, und nutze, was die Erinnerung hergibt.

Der Mann hat nicht zu viel versprochen. Auf einer gigantischen Wiese mit Obst- sowie Nadelbäumen und Büschen lassen wir uns nieder. Mit Händen und Füßen gibt uns Ivana dann zu verstehen, dass wir duschen und ihr Bad benutzen dürfen.

Der Hund unserer Gastgeberin

Ihr Golden Retriever leckt uns schwanzwedelnd über die Hände, in denen wir frische Gartenpfirsiche halten. Brot, Limo und Pflaumen landen kurze Zeit später auch noch auf dem Tisch vorm Haus, wo wir gemeinsam sitzen und versuchen, einander besser bekannt zu machen.

Hier im genauso großen wie neu wirkenden Haus lebt Ivana seit der Scheidung von ihrem Mann allein. Aus der Ehe gingen drei Kinder hervor, eine der Töchter ist Mitte dreißig und arbeitet als Au-pair-Mädchen in Deutschland, zuvor war ihr Wohnort England. Der Sohn ist Koch, eine Tochter studiert noch. Ivana verdient sich ihre Brötchen als Sekretärin.

In unserer Landessprache kann die Kroatin besonders gut „Auf Wiedersehen" sagen, was sie zu unserer Belustigung immer wieder tut. Mittlerweile sind wir uns glücklicherweise sicher genug, dass sie uns heute nicht mehr loswerden will, sodass keinerlei Gefahr besteht, ihren deutschen Abschiedsgruß ernst zu nehmen. Wenn auch nicht ganz freiwillig, hat die gläubige Protestantin mit dem dunkelbraunen Zopf und der leicht getönten Kunststoffbrille in puncto Nächstenliebe heute alles richtig gemacht. Apropos Religion: Ihr Glaube bedeutet für sie Glück, erklärt sie uns noch vor dem Schlafengehen und fügt an, ihre Haustür bleibe die ganze Nacht offen, sodass wir immer das WC benutzen können …

Jeden Abend notieren wir uns, was uns glücklich gemacht hat. Nicht selten sind es die Menschen, die wir über die Gespräche kennengelernt haben, oft gehören kleine Geschenke von Einheimischen oder auch mal das sichere Überstehen eines Unwetters dazu. Heute ist es eine besonders große Geste, die wir festhalten, nämlich die einer wildfremden Frau, die uns Unterschlupf sowie Zugang zu ihrem Haus gewährt. Dieses Vertrauen in uns ist wirklich bemerkenswert. Ich schlafe mit einem Lächeln ein.

Am nächsten Morgen machen unsere Mägen einen Freudentanz, als Ivana duftenden Apfelkuchen aus der Backröhre holt, uns großzügig davon abschneidet und nachlegt, sobald die Teller leer sind. Den Rest gibt sie uns zusammen mit einem Glas selbstgemachter Marmelade für die Weiterreise mit. Immer wieder legen wir uns die flache Hand aufs Herz und lächeln. Wir können ihr gar nicht genug danken und winken ihr noch lange zu, während wir uns von ihrem Grundstück entfernen.

Für das süße Präsent, die Konfitüre, besitzen wir längst das passende Utensil, ein Streichmesser aus Holz. In Ungarn, im Ort Esztergom, einer der ältesten Städte des Landes, haben wir nämlich mit einem freundlichen Händler, der an einem Straßenstand seine sorgsam gearbeiteten Holzwaren verkaufte, getauscht. Er hat uns sogar noch einen Holzlöffel geschenkt – ein weiteres bleibendes Souvenir, welches wir mit nach Hause nehmen werden.

Hier in Kroatien will ich ein Experiment wagen. Kurz nach Etappenstart rollen wir an einem winzigen Frisörsalon vorbei. Seit Tagen schon schiebe ich mir die Ponyfransen aus der Stirn und wünsche mir ein paar Zentimeter mehr Haarfreiheit. So möchte ich versuchen für mein T-Shirt eine kleine Dienstleistung statt eines Objekts zu erhalten. Außerdem bin ich neugierig auf die Reaktion der Kroatinnen, die ich durchs Fenster beobachte und die auch uns längst bemerkt haben.

„Du bist mutig!", beurteilt Cornelia meine Idee.

Bin ich das? Zugegeben, ich befinde mich in einem fremden Land, in dem ich kein Wort verstehe, und stehe vor der Tür eines Dorffrisörs, dessen Fähigkeiten ich nicht einschätzen kann … Aber was soll schon schiefgehen, rede ich mir gut zu. Notfalls setze ich den Helm eben nie wieder ab.

Eine geschmackvoll gekleidete Frau in meinem Alter feilt einer Kundin gerade die Nägel, während eine deutlich jüngere, womöglich eine Auszubildende, den Boden fegt. Ich halte derjenigen, von der ich meine, es sei die Chefin, meinen Zettel unter die Nase und warte gespannt. Sie lacht, tuschelt mit ihrer Kundin, lacht wieder und nickt dann. Nun soll das junge Mädel mir den Pony kürzen. Dass sie dafür gefilmt und fotografiert werden muss, begeistert sie mäßig. Ich versuche ihr mit Händen und Füßen verständlich zu machen, was ich jedem neuen Frisör sage: „Nicht so viel ausdünnen, keine Haare von den Seiten dazu nehmen und insgesamt vielleicht ein bis zwei Zentimeter weg." Trotz der Komplexität meiner Wünsche geht die Aktion gut aus und sie zaubert mir eine fesche Frisur.

Lachend aus dem Salon spaziert, fühlen wir uns bestens in Fahrt, beinahe schon sind wir im Experimentier-Rausch und bestellen beim Universum ein Glücksfoto. Wir werden Kroatien nämlich heute schon wieder verlassen, weil der Übergang nach Serbien im nahe gelegenen Batina über eine Brücke gut die Donau kreuzen und das Land wechseln lässt. Unser Wunsch ist es, unser Fotoalbum auch mit einem kroatischen Gesicht zu bereichern, denn unsere Gastgeberin Ivana war kamerascheu.

Aufs Universum ist Verlass: Bereits wenig später passieren wir ein Stadion. Nahezu ohne zu treten, rollen wir gemächlich vorbei und beobachten einen Mann, der hier zu arbeiten scheint. Ein Schlüsselbund klimpert in seinen rauen Händen. Auch er mustert uns und es scheint, als kämen durch diesen Ort nicht allzu oft zwei Frauen mit voll bepackten Rädern. Die beiderseitige Neugier öffnet die Tür zum Gespräch, mehr per Hand und Fuß statt mit dem Mund. Mithilfe unseres kleinen Zauberzettels stellen wir uns und unser Interesse am Glück vor und ernten mimisch Anerkennung für die lange Radreise. „Happy?", fragt unser Gegenüber und deutet aufs gepflegte Grün im Stadion. In meine Kamera schauen die wachen Augen eines Mittvierziger-Mannes mit gestreiftem Baumwollshirt und blauer Arbeitshose. Seine lässige Sitzhaltung auf dem feuerroten Rasenmähertraktor passt nur zum Teil zu den Worten, die gleich folgen werden. Er ist, wie wir richtig vermutet haben, für die Instandhaltung des Stadions hier in Draž zuständig. Der Rasen ist bereits picobello gepflegt, extra für uns ist der Kroate noch einmal mit seinem Arbeitsgerät vorgefahren und lächelt nun eher verhalten in die Kamera.

„Ja, mein Job gefällt mir und es ist Glück für mich, hier arbeiten zu können“, sagt er gebrochen. Ich nicke. Dann fährt er fort, indem er Daumen und Zeigefinger in schnellen kurzen Bewegungen aufeinander reibt, und ich verstehe, dass er seinen Lohn als zu knapp beurteilt. Offensichtlich ist sein Glück an Einschränkungen gebunden, was ich mit einem weiteren Nicken zur Kenntnis nehme. Dann zeige ich ihm das Foto auf dem Display und verabschiede mich dankend und mit besten Wünschen für die Zukunft.

Picknickpause

Nach einem Picknick am Rande eines Feldes, kurz vor der serbischen Grenze, schalten wir das mobile Internet auf unseren Handys aus. Serbien ist nicht in der EU, sodass Roaming ohne Extrakosten nicht drin ist. Uns macht das herzlich wenig aus und wir verzichten darauf, eine Inlandskarte zu holen, sei sie auch noch so preisgünstig, wie manch Reisender schwärmt.

Also, dann mal los, auf nach Serbien! Am Grenzübergang sammeln wir gleich zwei Stempel in unseren Reisepässen, einen beim Verlassen Kroatiens und einen bei der Einreise nach Serbien.

Zurückgeschaut … Glücksmomente in Kroatien

Es ist nicht leicht und vermutlich auch nicht ganz fair, sich für ein Land und damit leider gegen ein anderes zu entscheiden. Wir können nicht wissen, ob wir es richtig geplant haben: Kroatien nur zu streifen, um länger in Serbien zu bleiben. Einem Gefühl und ein paar Reiseerzählungen folgend, sind wir zu diesem Entschluss gekommen. Wir könnten uns nun fragen, was wir verpassen, wenn wir nicht weiter durch „Hrvatska", wie es in der Landessprache heißt, radeln, sondern uns nach nur wenigen Stunden schon wieder verabschieden. Uns könnten Zweifel kommen, angesichts der enormen Gastfreundschaft, die wir erlebt haben. Wie würde es weitergehen, wenn wir blieben, wenn schon nach so kurzer Zeit Gebäck- und Übernachtungseinladungen ausgesprochen wurden? Wer noch würde von seinen Glücksstiftern erzählen und ehrlich von Einschränkungen wie zu knappem Lohn sprechen? Wir werden es nie herausfinden, und anstatt zu grübeln, stehen wir zu unserer Routenwahl und halten uns nicht mit Mutmaßungen zu verpassten Chancen auf. Vielmehr betrachten wir es als großes Glück, so reich beschenkt worden zu sein. Wir werden Kroatien in bester Erinnerung behalten, denn Glück erscheint uns wertvoll, wenn die Qualität und nicht die Quantität stimmt. Interessanterweise beansprucht Kroatien sogar beides für sich, angesichts der hohen Glücks- und Erlebnisdichte, gemessen an unserer Aufenthaltsdauer …

SERBIEN – Von Batina über Belgrad bis Bregovo … rund 700 Kilometer

Sie reißen die Arme in die Luft und brüllen „Hello, hello!". Einige springen sogar auf und winken, was das Zeug hält. Bevor wir überhaupt realisieren können, was vor sich geht, sind wir auch schon fast vorbeigerollt. Gerade so gelingt es uns, aus der Fahrt heraus die Grüße zu erwidern, lachend und ebenfalls mit erhobener Hand.

Bereits in Ungarn fing es an, dass Menschen, vor allem in Dörfern, grüßten, entgegenkommende Autofahrer uns winkend und überholende Fahrzeuge (mehr oder weniger) sanft hupend passierten. Mit Grenzüberquerung und der Einreise nach Serbien, wo uns Landwirte so euphorisch begrüßten, dass wir meinen könnten, wir seien auf der Zieleinfahrt der Tour de France, scheint die Begeisterung der Einheimischen eine Steigerung zu erfahren. Wir stellen die These auf, dass mit abnehmender Radwegs-Infrastruktur, Freude und Aufregung über unseren Besuch wachsen … In Serbien fühlen wir uns genauso willkommen wie in Kroatien.

Vorfreude auf ein neues Land

Der Weg nach Sombor, erster größerer Ort im neuen Land und immer noch recht nah der ungarischen sowie kroatischen Grenze gelegen, führt über Landstraßen, allerdings ruhige. Nur manchmal sind sie so uneben, dass es uns ordentlich durchrüttelt.

Für uns gibt es in Sombor neben Pizza und einer Handvoll Landeswährung, Serbischer Dinar, die eindeutige Erkenntnis, dass wir dieses Land lieben

Erste Kilometer in Serbien

werden. Es existieren Orte auf der Welt, in denen ich nur wenige Stunden verbringen muss, um zu wissen, hier fühle ich mich wohl. Serbien gehört dazu, nicht nur, weil es uns empfohlen worden ist, sondern auch, weil der Bauch laut „Ja, ja, ja!“ schreit.

Die 60.000-Einwohner-Stadt sorgt mit einer gemütlichen Fußgängerzone, die von „fliegenden Regenschirmen“ in mehreren Farben dekorativ überspannt ist, für das passende Flanier-Flair. Auf einem weiten Platz laden Sonnensegel zu einer Auszeit bei kalten Getränken und Kaffee im Schatten ein. Die serbisch orthodoxe Kirche von St. George schiebt ihr Türmchen, an dem sich eine Uhr befindet, in den blauen Himmel.

Mitten in Sombor

Wir bugsieren die Räder durch den Stadtsommer, plaudern mit einer engagierten Frau aus der Tourist Information über dies und das und erhalten den Tipp, einen Campingplatz vor Apatin anzusteuern, es sei der einzige weit und breit.

Fliegende Regenschirme in Sombor

So machen wir heute schon nach gut 60 Kilometern Feierabend und lernen zwei weitere Radler, ein polnisches Pärchen in unserem Alter, kennen. Sie sind die ersten Gäste auf dem mehr als gepflegten Campingplatz und erklären uns, dass der Verantwortliche selbst noch gar nicht vor Ort ist.
„Er muss viele Campingplätze in Deutschland angeschaut haben, bevor er diesen hier errichtet hat“, mutmaßt der fröhliche Pole, angesichts der Rasenqualität, die beinahe „nicht einmal an deutsche Verhältnisse heranreichen kann“.
Wenig später lernen wir den Betreiber dann selbst kennen. Die sportliche Frohnatur stellt sich mit dem Namen Jovan vor. Er hat in seiner Arbeit ganz offensichtlich die pure Erfüllung gefunden. Das Abkassieren hat Zeit, so gibt es erst einmal einen Begrüßungsschnaps aus eigener Herstellung und interessierte Nachfragen nach dem Woher und Wohin.
Mit jeder weiteren Stunde wird dieser Ort immer mehr zum Treffpunkt für Radler aus verschiedenen Regionen. Neben einem Berliner Pärchen haben sich US-Amerikaner eingefunden. Der Schnaps bringt uns alle zusammen. An einem großen Tisch im gemütlichen Gastronomie- und Aufenthaltsbereich tauschen wir Reisenden unsere Erfahrungen aus, auch bei kaltem loka-

lem Bier, was Jovan zu fairen Preisen verkauft. Er selbst wuselt geschäftig über den Platz, kommt aber immer wieder zurück, genießt den Austausch mit uns, seinen Gästen, sichtlich.

„Weißt du", erklärt er mir auf Englisch, „ihr Reisenden seid gut drauf, habt beste Laune und seid offen füreinander."

Mein schnapsgeröteter Kopf nickt bestätigend.

„Die Stimmung hier bei mir auf dem Platz ist so positiv, das gefällt mir und reißt auch mich täglich mit", sagt er und posiert mit hochgestreckten Daumen vor unserem Zelt fürs Glücksfoto. Dann darf ich ihn noch an den Fässern ablichten, in denen das Obst für seinen Hochprozentigen vor sich hin gärt, sowie am Tisch zusammen mit den anderen Reisenden. Bereits seit acht Jahren ist dieser Ort sein glückstiftender Arbeitsplatz. Der gebürtige Serbe hat lange Zeit in Slowenien gelebt und erwähnt seinen Bruder, der exakt am gleichen Tag Geburtstag feiert wie er, allerdings mit einer Altersdifferenz von zehn Jahren.

„Unser Vater hatte ein hervorragendes Timing", strahlen mich seine warmen Augen, umzingelt von Lachfalten, an. Wenn es einen Wettbewerb im Aussenden guter Energie gäbe, Jovan würde ganz nach oben aufs Treppchen klettern …

Serbischer Campingplatzbetreiber im Glück

„Habt ihr die Schakale gehört?", begrüßt uns unser Gastgeber am nächsten Morgen.

„Das waren Schakale?", reißen wir erstaunt die Augen auf. Das nächtliche Geheul fiel uns zwar auf, aber wir tippten eher auf Hunde, kein Wunder eigentlich, denn unter Schakalen versteht man Wildhunde wolfsähnlicher Gestalt. Für den Menschen sollen sie zwar nicht gefährlich sein, aber irgendwie klingt „Schakal“ nicht so nett und wir sind nicht sonderlich scharf auf nächtliche Tierbegegnungen beim Wildcampen …

Darüber machen wir uns zunächst keine weiteren Gedanken, denn gerade, als uns das polnische Pärchen auf einen kräftigen Espresso einlädt, kommt Jovan freudestrahlend mit fünf Gläsern Schnaps um die Ecke. Heute ist sein Geburtstag, was er uns bereits am Vortag beim Gespräch „über das gute Timing“ des Vaters verraten hat. Cornelia und ich haben noch ein Stück des Apfelkuchens von unserer kroatischen guten Fee übrig sowie zwei Teelichter, die wir in den Ecken unser Radtaschen fanden. So konnten wir, bevor das Geburtstagskind erschien, ein kleines Arrangement bereitstellen, was wir ihm nun singend unter die Nase halten. Sichtlich gerührt will er, dass die Polen mit seinem Handy ein Foto von uns dreien machen, sodass er es seinen Freunden senden kann.

Der Abschied von diesem Ort der Wärme fällt uns schwer, auch ganz ungeachtet der Schnapskonzentration in unseren Körpern. Jovans gute Aura scheint einfach überall hin zu strahlen, denke ich, als wir uns winkend entfernen.

Auf teilweise schmalen Landstraßen, über denen unzählige Schmetterlinge tanzen, rollen wir in unseren ersten kompletten Tag im neuen Land. Für mich ist es das achte dieser Reise. Vor mehr als sechs Wochen habe ich meiner Heimat den Rücken gekehrt und kann mittlerweile auf eine gefahrene Strecke von mehr als 3.000 Kilometern stolz sein.

Autos begegnen uns an unserem Tagesstart kaum, dafür ist die immense Menge der kleinen flatternden Wesen wirklich erstaunlich. Ich nehme sogar meinen Helm ab, weil sich sonst ständig ein Insekt in den Schlitzen verfangen würde. Auch wenn ich mich nicht vor den Faltern fürchte, so bin ich doch ganz froh, als es weniger werden, je weiter wir vorankommen. Einige von ihnen liegen tot auf der Straße. Hoffentlich haben wir mit unseren Rädern keines der winzigen Lebewesen auf dem Gewissen.

Das „Naturschutzgebiet Obere Donau“ bewundern wir von einem Dammweg aus, und es kommt uns vor, als habe ein Magier seinen Stab über das sumpfartige Areal geschwungen, um es zu verwünschen. Das Ergebnis erinnert nämlich an einen Schauplatz, wie er zu einem Fantasy-Film passen würde. Als hätten Bäume und Büsche einst den Befehl bekommen, „Wachst!“, bietet sich uns eine Pracht an grüner Urwüchsigkeit. Das üppige Blattwerk der Bäume, der Untergrund, auf dem sie um Platz kämpfen, die Gewächse, welche den Radweg säumen, alles kennt nur eine Farbe: Grün! An manchen Stellen versumpfen dicke Baumstämme im stehenden Wasser, an anderen zieht sich eine helle Schicht, die an eine alte löchrige Decke erinnert, über den Boden. Sie scheint das getrocknete Überbleibsel der letzten Überflutung zu sein. Schaum, wie ihn Wasser mitzubringen vermag, hat sich abgelagert und ist fest geworden. Dass die Sonne gerade nicht scheint und die Wolken wie ein grauer Schleier über der Landschaft hängen, kommt dem Zauberer, der hier einst am Werk war, bestimmt gelegen …

Mit voranschreitender Etappe weicht die Lebendigkeit der Natur, mit ihr auch unsere Beschwingtheit, die dem Tagesstart bei Jovan noch lange nachhallte. Eine kilometerlange Unendlichkeit, so kommt es uns nämlich vor, lässt uns wie die einsamsten Menschen auf diesem Planeten fühlen. Über Stunden begegnet uns niemand, nicht einmal Autos tuckern vorbei, nur einmal hockt ein verlorener Mann vor den Ruinen eines Gebäudes, dessen beste Zeiten lange vorbei sind. Was bin ich froh, hier nicht allein zu sein … Selbst mit Cornelia fühle ich mich in dieser Einöde verlassen, ihr geht es mit mir genauso. Obwohl wir, was die Streckenlänge angeht, langsam, aber sicher an unser Tagesziel von gut 80 Kilometern herankommen, so ist an einen Wildcampingplatz nicht einmal zu denken. Schon komisch, was unsere Empfindungen mit uns machen, Abgeschiedenheit ist eigentlich viel sicherer als Menschen-

Idyllischer Campingspot

nähe, aber unsere Gefühle schreien nein. Zudem hallt uns das Geheule der Schakale von letzter Nacht in den Ohren und die Erzählung der beiden Polen, die wir vor einigen Stunden noch einmal getroffen haben. Sie berichteten, wie kurz vor ihren Rädern eine Wildschweinfamilie kreuzte. Und mit dem Thema Wildschwein bin ich seit Österreich nun wirklich durch! Ein anderer Reisender hatte vor Schlangen gewarnt, wieder ein anderer vor wilden Hunden.
Zwischen unserem Startpunkt und Bačko Novo Selo, einem Dorf mit etwa 1200 Einwohnern auf halber Strecke zwischen Novi Sad und dem kroatischen Osijek, liegen mehr als einhundert Kilometer, die sich in unsere Oberschenkel gebrannt haben. Die Vorstellung, im Nowhere zu campen, hat uns durchhalten lassen, und wir schlagen die Hände gen Himmel zusammen, als wir im Örtchen schnell fündig werden und unser Lager am Wasser unterhalb eines Hotels aufschlagen dürfen. Hier stolziert ein Storch am Ufer entlang, während Schwäne übers Wasser gleiten. Oh, ja, hier fühlen wir uns gut aufgehoben.
Es wird eine erholsame Nacht für mich. Cornelia, deren Ohren mangels Schaumstoffes mehr auf Empfang sind als meine, wird eine andere Geschichte erzählen …

In tierischer Gesellschaft

„Du alte Schnarchprinzessin hast mal wieder nichts mitbekommen“, begrüßt mich Cornelia mit unübersehbaren Augenringen. Den Kosenamen „Prinzessin auf der Erbse“ habe ich mir in Finnland eingehandelt, als ausgerechnet unter meiner Isomatte immer mal wieder ein Baumstumpf oder ein kleines Loch auftauchten und das „königliche Liegen“ vereitelten. Cornelia tauschte dann immer mit mir den Platz, nicht ohne mich beim Wechsel als das Mädchen aus dem Märchen zu betiteln.
Auf meine Frage, was ich in der vergangenen Nacht verpasst habe, erzählt mir meine Freundin von einem Auto, welches in der Morgendämmerung unmittelbaren Kurs auf unser Zelt gehalten hat. Nachdem die Scheinwerfer ausgegangen waren, vernahm sie die Stimmen eines Pärchens, Mann und Frau, die sich – der Lautstärke nach zu urteilen – heftig gestritten haben müssen. Ihrem Auftritt folgte bald das nächste Fahrzeug, aus dessen Innerem drei Männer ausstiegen, so schätzt meine Freundin.

„Wenn du nicht verstehst, was sie sagen, ist das unangenehm. Ich lag ein ganzes Weilchen wach und lauschte, versuchte einzuordnen, was ihre Absichten für den Halt hier waren. Gut zugeredet habe ich mir mit dem Argument, dass die da draußen genauso wenig wissen, wer in diesem Zelt liegt, wie wir sehen konnten, wer sie sind. Dann fiel mir aber ein, dass man an den Damenrahmen unserer Fahrräder ablesen könnte, wem sie gehören, nämlich zwei Frauen. Ich habe mich gerade besonders mucksmäuschenstill verhalten“, Fingerzeig auf mich, „als du angefangen hast zu schnarchen und zwar schrecklich laut.“

„Ich?“, gebe ich mich betont unschuldig.

Cornelia nickt.

„Ist doch perfekt“, erwidere ich, „so dachten sie bestimmt, hier liegt der Riese eines Mannes, mit dem man sich bestimmt nicht anlegen will!“ Der Apfel fällt nicht weit vom Stamm, denke ich an meinem Vater, von dem ich das Geschnarche haben muss, mit dem Unterschied, dass er wirklich ein Riesenkerl ist … Naja, wenn die unbekannten Besucher unser Geschlecht tatsächlich an den Rädern ablesen konnten, so müssen sie jetzt denken, hier sei ein Bär von einem Mann auf einem weißen Damenrad unterwegs …

Als ich den Kopf aus dem Zelt stecke, ist der Flussarm vor meiner Nase voll mit Fischerbooten, die uns zugleich die Antwort darauf liefern, wem die nächtlichen männlichen Stimmen gehörten, den Anglern!

Ich schäle mich aus dem Zelt, putze mir in einer ruhigen Ecke die Zähne und nähere mich dann neugierig, aber leise zwei Männern, die friedlich auf Hockern am Ufer sitzen und ihre Angelruten ins Wasser halten. Ich darf die Idylle mit meiner Kamera einfangen, die Männer schauen mir in die Linse und erzählen, dass sie jedes Wochenende aus dem Dorf hierherkommen, um zu fischen.

„Wir treffen uns ohne unsere Frauen, ganz einfach, um zu entspannen und fürs Mittagessen zu sorgen“, erzählt mir mein Gesprächspartner mit einem Augenzwinkern. Ich erfahre noch, dass das, was sich hier im Wasser tummelt, von guter Qualität – gesund und unbelastet – sein soll. Dann wendet sich der Englisch sprechende Angler mit Strohhut und Brille auch schon wieder seiner Angel zu. Ich klicke aufs Display und kehre langsamen Schrittes zum Zelt zurück. Hinter mir vernehme ich die Stimme meines Gesprächspartners, die den Männern auf dem Wasser etwas zuruft, es folgt ein Lachen. Ich habe natürlich keine Idee, was gesprochen wird, vermute aber, dass ich gerade Thema bin. Nachvollziehbar, denn allzu oft steht hier wohl kein Zelt, schon gar keines, aus dem eine Touristin mit verschlafenem Gesicht kommt

Harmloser Angler

und Fotos machen will. Ich krabbele wieder in unsere Behausung, um Cornelia die Bilder zu zeigen. „Siehste, die sind ganz harmlos", erkläre ich meiner Freundin, die sich immer noch den Schlaf aus den Augen reibt.

Um die Mittagszeit kommen wir an einem Straßenstand, kurz vor der Kleinstadt Bačka Palanka, zum Halten, um eine Honigmelone zu kaufen. Hier machen wir eine Erfahrung, die wir schon sehr häufig erleben durften, auch in Albanien, einem der ärmsten Länder Europas: Menschen, die selbst wenig haben, geben und das, wie es scheint, besonders gern. Statt eines fixen Stopps, um die Frucht zu kaufen, kommen wir mit den zwei Händlerinnen ins Gespräch. Eine von ihnen, die Schwester der Verkäuferin, hilft nur aus, sie lebt in Frankfurt, weshalb sie mit uns im besten Deutsch kommuniziert. Niedrige Renten, eine Krebserkrankung, ein 91-jähriger Vater, der mit durchzubringen ist – all das sind Gründe, weshalb sie hier stundenlang an der Straße stehen, um ihre Waren, die vom Feld nebenan stammen, an den Mann und die Frau zu bringen. Ein Kilogramm kostet umgerechnet gut 40 Cent. Wir wollen ordentlich aufrunden, nachdem wir die Ware entgegengenommen haben. Doch daraus wird nichts. Die Frauen bestehen darauf, uns ein Geschenk zu machen. Wir protestieren vehement, es führt zu nichts. Die Melone ist und bleibt ein Präsent, basta, vorbei und keine Widerrede!

Wahnsinn! Warum sind es oftmals die Menschen mit wenig Besitz, die – so haben wir es in vielen Ländern schon erlebt – derart bereitwillig geben, einladen, schenken, ja uns sogar mitnehmen? Per Anhalter auf Island unterwegs, waren es fast ausnahmslos kleine „Hutschachteln“, in die wir einsteigen durften, während die großen schicken Autos mit viel Platz fast nie hielten. Es scheint beinahe schon, als sei Großzügigkeit an Besitzarmut geknüpft. Vielleicht liegt das daran, dass sich tiefes, ehrliches und dauerndes Glück eben nicht mit materiellen Gütern erkaufen lässt. Diejenigen, die das verstanden haben, wissen vielleicht auch, dass Glück wächst, indem man es teilt. Außerdem ist ein Mensch mit wachsendem Wohlstand vielleicht auch mehr in Sorge. Wer viel hat, kann auch viel verlieren. Nur was wir in uns tragen wie Gefühle, Gedanken, Einstellungen, Erinnerungen kann uns niemand nehmen. Ich glaube, um bei unseren isländischen Tramper-Erfahrungen zu bleiben, die Wagenlenker von gepflegten Edelkarossen fürchteten zwar nicht den Verlust ihrer Fahrzeuge – ich denke, wir sahen harmlos genug aus, nicht als Diebinnen zu gelten – wohl aber die Beschmutzung oder das Zerkratzen durch unsere Rücksäcke und die Wanderstöcke …

Es geht herzlich weiter: Auf einem herrlichen asphaltierten Dammweg lernen wir einige Kilometer vor dem Etappenziel Novi Sad ein Pärchen kennen. Die beiden unternehmen einen Tagesausflug mit den Rädern und zollen uns größten Respekt für unsere Leistung, dann bedanken sie sich, dass wir ihr Land bereisen.

„Wir wissen, dass unser Ruf nicht der beste ist“, sagt der junge Mann und fügt an, „Das ist schade und wir wollen versuchen, unseren Teil dazu beizutragen, dass sich das bessert.“

Die Grausamkeiten während der Jugoslawienkriege, einer Serie von Kriegen, die mit dem Zerfall des Staates verbunden waren, gegen Ende des 20. Jahrhunderts, sind noch immer in den Köpfen der Einheimischen verankert, ganz gleich auf welcher Seite sie selbst oder ihre Vorfahren standen. Und obwohl mit Deutschlands Vorpreschen Ende 1991, in Bezug auf die Anerkennung Sloweniens und Kroatien als eigenständige Staaten, im serbisch dominierten Rest-Jugoslawien auch Stimmen laut wurden, dass die Deutschen sich damit an den Serben für zwei verlorene Kriege rächen wollten, stehen uns die Menschen in diesem Land mit nichts anderem als Offenherzigkeit gegenüber.

„Wir freuen uns über Touristen“, erklärt er mir weiter und will wissen, was er und seine Partnerin uns Gutes tun können.

Wir fragen sie nach einem Übernachtungstipp im Zentrum Novi Sads.

„Ich kümmere mich“, erwidert der Radler, „sobald wir zu Hause sind und ich meinen Handy-Akku aufladen kann, recherchiere ich und sende euch eine SMS.“

Bestens! Es geht eben ohne Internet viel charmanter …

Charmant ist auch das Lächeln, was die beiden Mittzwanziger uns, aber vor allem einander schenken. Sie wirken auf mich frisch verliebt und ich bin doch recht erstaunt zu erfahren, dass sie bereits seit vier Jahren zusammen sind. Kennengelernt haben sie sich beim Studium der Ingenieurwissenschaften. Es ist schön, mal wieder eine Situation voller Glücksgefühle, wie sie die Liebe zu schaffen vermag, mit meiner Kamera zu konservieren. Unabhängig von Profession, Status, Aussehen und Wohnort darf geliebt werden, freue ich mich und denke an mein Mountainbiker-Paar aus Donauwörth zurück.

Verliebte Helfer vor Novi Sad

In einem Café, in das wir uns vor einem heftigen Regenguss gerettet haben, erreicht uns die versprochene Nachricht mit zwei Adressen, die unser Helfer schon telefonisch auf Preis und Verfügbarkeit für uns abgecheckt hat.
Seine Empfehlungen münden in ein geräumiges Doppelzimmer mit eigenem Bad für 25 Euro pro Nacht und inklusive Tee, den uns der freundliche Betreiber serviert, während er uns Restaurant-Tipps für den Abend gibt.
Die zweitgrößte Stadt Serbiens, die einerseits für die Festung Petrovaradin bekannt ist und andererseits für ihre zahlreichen Festivals und Veranstaltungen, ist sogar zur europäischen Kulturhauptstadt ernannt worden, was sonst nur EU-Mitgliedstaaten und nicht den Beitrittskandidaten vorbehalten ist. Uns beschert dieser Ort einen Abend mit lokalen Köstlichkeiten, einem Verdauungsspaziergang durch belebte Gassen, über Plätze auf das hell erleuchtete Rathaus zu, vorbei an knallbunt angestrahlten Springbrunnen. Das

Novi Sad bei Nacht

bekannteste Festival, das Exit, dessen Schwerpunkt auf Rockmusik sowie elektronischer Musik liegt und auf der Petrovaradiner Festung abgehalten wird, haben wir zwar verpasst, dafür gibt es ein Mini-Live-Konzert zweier Gitarristen, Mann und Frau, die auf Barhockern vor einer Hauswand sitzen. Unseren Abend lassen wir bei lokalem Bier im Außenbereich einer von vielen Bars ausklingen und werden vom Kellner mit einem Kompliment bedacht, was uns gar nicht gebührt: „I like your country, ich mag euer Land. Norway, Norwegen!“ Wir nicken fröhlich.

„Ich auch“, ist das einzige, was mir als alter Skandinavien-Fan dazu einfällt.

Satt werden in Novi Sad – Kein Problem

Der Tagesstart ist eine echt fiese Bergauffahrt auf einer Straße, die wir uns mit einigen Autos teilen. Zur Sicherheit tragen wir unsere Warnwesten, empfinden Menge und Abstand der überholenden motorisierten Verkehrsteilnehmer aber als erträglich, was vielleicht auch am Sonntag liegt.
Außerdem treibt uns die Vorfreude an, denn Belgrad, die Hauptstadt des Landes, werden wir heute nach gut 90 Kilometern endlich erreichen. Auf diese Metropole freue ich mich am allermeisten, will sogar schon seit Jahren einmal hierher. Ich stelle mir einen Ort vor, der „nicht ganz glattgebügelt“ ist und seinen Charme daraus bezieht, eben nicht an jeder Ecke, in die es den Gast zieht, touristisch hochgestylt zu sein.
Es handelt sich bei Belgrad um eine der ältesten Städte Europas mit einer Geschichte von 7000 bewegten Jahren. Einst hinterließen Kelten, später Römer ihre Spuren, um nur einen Bruchteil einer umfassenden Historie wiederzugeben. Im Jugoslawienkrieg wurde die Stadt im Jahr 1999 Opfer schwerer Bombenangriffe, seit 2001 gibt es eine demokratische Regierung. Nun, so heißt es, präsentiere sich die Stadt als weltoffene Metropole mit vibrierendem Nachtleben.
Der Weg dorthin ist zunächst erneut von serbischer Freundlichkeit und Kontaktaufnahme geprägt. Bei einer Pause, deren Beginn ich mit einer Runde durch einen Supermarkt einläute, während Cornelia vor der Tür an den Rädern wartet, klopft mir plötzlich jemand von hinten auf die Schulter. Ein Mann mittleren Alters mit einem Schnauzer lächelt mich an und schüttelt mir die Hand. Ich erwidere seine Geste freundlich und berichte Cornelia sogleich davon, während ich die Einkäufe aus den Armbeugen auf den Bürgersteig ablade.
„Ja, ich weiß, wen du meinst“, erwidert meine Freundin prompt, „Er hat mir hier draußen klar gemacht, wie toll er unsere Unternehmung findet und dabei neugierig die bepackten Drahtesel gemustert.“
Kurz darauf steht ein nächster Mann vor uns, auch er macht seine Bewunderung klar, angefügt von der Frage, ob es uns in seinem Land gefalle. Wir nicken übereifrig, woraufhin er zu verstehen gibt: „Bitte erzählt in Deutschland davon, dass ihr es hier mochtet.“
Wir versprechen es, denn so wie uns die Menschen hier entgegentreten, können wir gar nicht anders, als von unserem Besuch zu schwärmen.
Ein alter drahtiger Serbe, der 30 Jahre lang in der Nähe von Mönchengladbach gearbeitet und gelebt hatte, will wissen, ob es ein Problem gebe, bei dem er helfen könne, als er mich während einer weiteren Pause, in der Cornelia in einem Laden ist, um kalte Getränke zu kaufen, vor der Tür entdeckt.

„Danke, nein, ich warte hier auf meine Freundin“, zeige ich aufs Geschäft. Er kommt erneut vorbei und lernt so auch Cornelia kennen.
„Ich wollte euch nur noch sagen, wie bewundernswert ich es finde, was ihr da macht. Achtzig bis hundert Kilometer radeln, jeden Tag und das mit all dem Gepäck, was seid ihr nur für starke Frauen!“
Wir fühlen uns geschmeichelt und fast schon „getragen“ von all den freundlichen Worten am Wegesrand. Es ist ein wenig so wie bei einem Laufwettkampf, wenn das Publikum die Sportler anfeuert und lobt. Nur kommt es bei uns zum Glück nicht aufs Tempo an und bis zur Ankunft am Schwarzen Meer dauert es glücklicherweise auch noch.

Ankunft in Belgrad

Wir buchen uns für zwei Nächte in einem zentral gelegenen Hotel ein und starten unsere Stadterkundung in einem Restaurant, das mit traditionellem serbischem Essen wirbt. Das bedeutet einen beängstigend großen Fleischteller, kombiniert mit Salaten und Maisbrot. Um die serbische Küche zu beschreiben, ist es wohl am treffendsten, sie als Gegenteil von vegan zu bezeichnen. Schafskäse, Fleischröllchen, Grillspieße … finden sich landläufig auf den Tellern. Die hiesige Küche wurde durch die slawische und die der Nachbarländer beeinflusst, neben Österreich spielt der Mittelmeerraum, vor allem die Türkei, eine Rolle.
Hohe Erwartungen an einen Ort zu haben, steigert das Risiko, enttäuscht zu werden. Ernüchterung ist jedoch so ziemlich das letzte Wort, mit dem

ich unsere Zeit in Belgrad beschreiben möchte, denn es ist ein irrer Kontrast aus bröckelndem Putz und glänzenden Fliesen, aus Zerstörung und Lebensfreude, aus Schnelligkeit und Langsamsein.

Unsere Geschichtsstunde halten wir auf der Festung ab, die einst strategische Bedeutung für das römische, byzantinische, osmanische, serbische und österreichische Reich hatte und als Bonus eine weite Aussicht auf den Zusammenfluss von Save und Donau bietet. Kunst und Kaffee gibt es in Skadarlija,

Im Künstlerviertel Belgrads

einem Künstlerviertel, welches gern mit dem Montmartre-Hügel in Paris verglichen wird. Auf bunten Stühlen unter hängenden Blumentöpfen neben Rumfässern, die als Tische fungieren, schauen wir auf die Turnschuhe, Boots und Pfennigabsätze, die sich – oh Wunder! – nicht allzu oft im groben Kopfstein verhaken.

Lebendiges Marktreiben mit Gerüchen, die sich vermischen, kontrastiert mit der Ruhe der Künstlerinnen und Künstler, die stundenlang an Straßenrändern verharren und Bilder anpreisen. Fröhliche Musik höre ich in dieser Stadt ebenso, wie ich den tiefen Klang von Schwermut empfinde, als wir an bombenzerfetzten Ruinen, die wie Mahnmale an den NATO-Angriff 1999 erinnern, vorbeilaufen.

Auf Entdeckungstour in Serbiens Hauptstadt

Die Ungewissheit, die das Entdecken Belgrads mit sich bringt, ist es, die uns am meisten verzaubert. So finden wir Straßen, die an ihrem Beginn abschreckend aussehen, sich dann aber umso interessanter präsentieren, je weiter wir vordringen. Ebenso enttarnen wir Abschnitte, die erst einmal einladend scheinen, in denen es dann aber dunkel und trüb wird. Über Stunden hängen wir in einem Bistro fest, welches von außen wie die letzte Bahnhofspelunke wirkt und sich innen, auf den zweiten Blick, mit liebevoller Dekoration und verdammt gutem Essen zeigt. Einzig das dünne Dosenbier passt zum ersten Eindruck.

In dieser Stadt denke ich über die zurückliegende Reise nach und bemerke, dass ein Vergleich zwischen West- und Osteuropa kaum möglich ist, denn zu groß ist der Kontrast zwischen gepflegtem Radweg am französischen Prunkschloss und serbischer Straße mit kriegszerfetzter Ruine, um die Extreme gegenüberzustellen.

Versuche ich herausfinden, ob meine Reise in Alleinsamkeit oder beim Radeln mit Daniel oder Cornelia bis dato interessanter war, fällt mir auch hierbei ein Urteil schwer. Ich müsste wohl zusätzlich ebenso allein durch Ungarn radeln, wie ich es durch die Schweiz tat, um zu einem Schluss zu kommen. Was ich aber sehr wohl festhalten kann, ist, dass das Entdecken eines facettenreichen Ortes wie Belgrad zu zweit intensiver sein dürfte. So finden vier Augen mehr Erstaunliches, worüber sich austauschen lässt, als zwei. Zudem sind zwei Personen in einer etwas dunkleren Gasse wohl entspannter unter-

Bei der Arbeit in Belgrad

wegs als eine allein spazierende Mady. Ich muss an dieser Stelle aber deutlich sagen, dass wir uns niemals und an keinem Ort dieser Stadt unsicher gefühlt haben, egal, wie spät es nach dem Besuch einer Bar auch wurde.

Seit geraumer Zeit rollen Cornelia und ich nun durch die Lande und immer wieder kommen wir mit Einheimischen und anderen Radlern ins Gespräch. Von wem allerdings weiterhin jede Spur fehlt, sind meine französischen Eltern. Begeistert von Belgrad, sende ich eine SMS an Claudines Handy und erkundige mich endlich nach ihrem Aufenthaltsort. Ich muss das Universum einfach mal kurz ablösen.

„Du bist uns einige Etappen voraus!“, antwortet sie mir auf Französisch.

Meine Hoffnung auf ein finales Wiedersehen, wenn auch erst am Schwarzen Meer, bleibt dennoch bestehen. Tröstlich ist natürlich zu wissen, dass sie wohlauf sind und ihr plötzliches Verschwinden am Rheinfall scheinbar keine böse Ursache hatte ...

Unsere strapazierten Nerven werden nur kurz entlastet, als uns ein Fußgänger beim Versuch, Serbiens Hauptstadt zu verlassen, begeistert applaudiert. Wir verheddern uns nämlich in einer Kette aus Baustellen, falschen Wegentscheidungen, kraftraubenden ansteigenden Straßen, betörendem Verkehrslärm auf einer riesigen Brücke, die aus Belgrad führt, und brauchen für zwölf Kilometer satte zwei Stunden.

Erholung und eine Pause kommen mit einem Maler, der seine Häuserwände mit präzisen und farblich kräftigen Malereien verschönert. Für uns legt der Serbe, der gut Deutsch spricht, weil er einst sechs Jahre lang in München tätig war, den Pinsel nieder.

„Hier seht ihr meine Großmutter, mich und meinen Bruder. Sie hat uns Geschichten aus der Bibel erzählt und vorgelesen“, deutet er auf eines der Bilder, „Und hier befindet sich das Paradies, was ich direkt unter die Darstellung meiner Oma gesetzt habe.“

Der glückliche Maler

Er erklärt seine Arbeitsweise: „Ich reiße mit Schablonen meine Motive an, dann erst koloriere ich."

Wir spazieren mit dem grauen Wuschelkopf von Werk zu Werk und freuen uns über seine Worte: „Natürlich bin ich glücklich!", strahlt er uns durch seine Brille hindurch an. „Hier sitzen und kreativ sein, das geht für mich zehn, zwölf Stunden pro Tag. Ich werde dabei nie müde, bin so sehr versunken in dem, was ich mit Pinsel und Co. schaffen kann, dass es pure Erfüllung ist. Ja, das macht mich sehr glücklich." Das „e" in „sehr" zieht er lang.

Verschönerte Wände

Zu einhundert Prozent verstehe ich diesen Mann, denn mir geht es ganz genauso, wenn ich stundenlang schreiben darf und meine Finger die Tastatur in ein unrhythmisch klingendes Instrument verwandeln.

„Wir lassen einfach dich statt mich ‚vor die Hunde gehen', schließlich hast du die Tollwutimpfung bekommen", schlage ich meiner Freundin vor, während wir einem unbefestigten Weg mit Donaublick und einer sanften Berglandschaft in der Ferne folgen. Wir befinden uns noch immer im Nordosten Serbiens auf Grenzkurs nach Bulgarien, etwas weiter südlich gelegen.
„Na, schönen Dank!", zeigt sich diese wenig begeistert über meine Idee.
Ja, Radeln in Osteuropa und die wilden Hunde – ein Thema, das wir nicht länger aus den Gedanken verbannen können, seit uns die Gastgeberin der letzten Nacht von einem Radreisenden berichtete, der sich vor Kurzem bei ihr von seiner tiefen Verletzung an der Wade erholte. Ein Hund habe ihn angegriffen, ordentlich Fleisch aus seinem Unterschenkel gerissen und ihm damit einige Tage Krankenhausaufenthalt in Bukarest eingebrockt. Bald stehen wir vor der Entscheidung, dem Donauradweg länger auf rumänischer Seite oder zunächst in Bulgarien zu folgen. In Rumänien sei das Hundeproblem schlimmer als im Nachbarland, zudem soll die Infrastruktur für Radler, was Geschäfte sowie Unterkünfte betrifft, in Bulgarien besser sein – so die Einschätzung unser Gesprächspartnerin. Nur einen Wermutstropfen finden wir auf Seite 77 in unserem bikeline-Radtourenbuch: „Das bulgarische Donauufer verlangt durch seine vielen Hügel und den damit verbundenen Steigungen Ihrer Kondition einiges ab."

Landschaft in Serbien

Sonnenuntergang an der serbischen Donau

Da sich Cornelias Antikörperarmee, die sich dank der Impfung gebildet hat, aber schlecht zu mir hinüberschicken lässt und wir Hinweisen von Einheimischen gern folgen, entscheiden wir uns trotz Höhenprofils für Bulgarien, bis dahin sind wir aber noch einige Zeit in Serbien unterwegs, worüber wir äußerst glücklich sind, vor allem, als wir uns auf der Fähre zwischen Stara Palanka und Ram befinden und uns der Wind durchs Haar weht. Von der Donau aus haben wir einen herrlichen Blick auf die überwiegend grüne Hügellandschaft, und kurz vor dem Anlegen sehen wir die Festungsruine von Ram, die von etwas oberhalb des Anlegers auf uns niederblickt.

In Momenten wie diesem hier auf dem Wasser stelle ich mir unsere Reise gern in der Draufsicht vor. Es hat mal wieder ein Zahnrad perfekt in das nächste gegriffen, denn in dem Augenblick, in dem wir auf das Schiff rollten, legte es auch schon ab. Von einer Handvoll anderer Radler, darunter auch ein Wiener, erfuhren wir, dass der etwa zwanzigminütige Transfer heute nur alle drei (!) Stunden stattfindet. Wäre irgendeine Kleinigkeit anders gelaufen, wie ein zusätzlicher Fotostopp, so hätten wir das schwimmende Verkehrsmittel verpasst. Unsere Reise erinnert mich aber nicht nur an ein sauber arbeitendes Getriebe, sondern ich male mir

Auf der Fähre nach Ram

ebenfalls gern aus, wie ein riesiger unsichtbarer Finger uns zu einer bestimmten Zeit starten lässt, zum Halten animiert, rechtzeitig wieder weiterschiebt und mit einem kleinen Schubser am Gepäckträger zur Eile antreibt … Sich vertrauensvoll treiben zu lassen, das bekomme ich auf Reisen besser hin als im Alltag. Und weil ich das Gefühl habe, dass es die Qualität meiner Reisen steigert, so nehme ich mir heute vor, dieses Vertrauen wieder stärker mit in meinem Alltag zu nehmen. Aufs Herz zu hören kann schließlich gar nicht falsch sein …

Nach Passieren der Festung Golubac, einer der besterhaltenen des Landes, einige Kilometer hinter einem Ort mit dem Zungenbrechernamen „Brnjica“, gibt es einen Campingplatz, „Asin“, der von einer hoch engagierten Frohnatur, einer allein lebenden Frau mit Hund und einem guten Händchen bei der Limonadenherstellung, mit Liebe und einem fleißigen Putzlappen geführt wird. Hier schwirrt nicht nur die gute Seele von Unternehmerin umher, sondern es flattern auch etliche Glühwürmchen durch die kühl gewordene Luft. Cornelia und ich sind uns einig darin, dass wir diesen Ort wärmstens weiterempfehlen können.

Festung Golubac

Wir haben die Region des Donaudurchbruchs erreicht. Dieser ist an den Bergen, die immer näher an den Fluss heranrücken und an Höhe zulegen, erkennbar. Die engste Stelle ist das Eiserne Tor mit etwa 150 Metern.

Das Fahrvergnügen ist ambivalent, weil wir viel bergauf müssen. Dafür genießen wir von oben weite Ausblicke auf Fluss, Felsen und Wälder. Es sieht schön

Bei der Arbeit auf dem Campingplatz

aus, wie die vielen Schiffe ihr Streifenmuster in das Wasser malen, nur die teilweise massiven Steigungen und vor allem die insgesamt 21 Tunnelpassagen, dunkel und ohne Seitenstreifen, verlangen uns physisch und psychisch so einiges ab. Ich hätte nie gedacht, dass ich mich derartig freuen würde, Licht am Ende des Tunnels zu sehen. Ich bin so angespannt, dass ich jedes Mal erleichtert ausatme, wenn wir es geschafft haben. Wir entdecken auch mal einen Knopf am Tunnelanfang, den man drücken kann, um nachfolgenden Fahrzeugen zu signalisieren, dass sich gerade Radler im Tunnel befinden. Eine entsprechende Lampe an der Einfahrt beginnt nach dem Betätigen zu blinken. Das ist eine gute Erfindung, aber leider viel zu selten in die Tat umgesetzt. Glücklicherweise hält sich der Autoverkehr in Grenzen und wir sind froh, als es irgendwann entspannt und mit besten Fernblicken in die Landschaft bergab geht.

Wie immer rollt Cornelia vor mir und muss ihn zuerst sehen: unseren Freund Herbert! Bei Herbert handelt es sich um eine nach Albanien immigrierte griechische Landschildkröte. Zwei Sommer zuvor, während unserer Reise durch

Gegend um das Eiserne Tor

das kleine Balkanland, in dem wir auch tauschten, trat Herbert in unser Leben. Auf einem Markt im Südosten des Landes bekamen wir für eine Handvoll Hufnägel das lebendige Kriechtier. Leider mussten wir den kleinen Kerl aus Tierschutzgründen und wegen der hohen Geld-, ja sogar Gefängnisstrafen, die der Schmuggel in die EU für uns bedeutet hätten, im Land lassen. Wir gaben ihn in eine Familie mit Garten, von dem wir annehmen, er würde dort noch heute glücklich leben und durchs Gras spazieren. Als wir nun hier in Serbien mitten auf der Straße eine Schildkröte entdecken, steigen wir lachend von den Rädern und witzeln herum, dass Herbert uns gefolgt sei und nun nach zwei Jahren endlich zu uns aufgeschlossen hat, er ist eben naturbedingt nicht der Schnellste … Jedenfalls zögern wir nicht lange und wollen Herbert zügig von der Straße holen und ihn sicher am Rand wieder absetzen, als vollkommen unvermittelt ein Lkw angebraust kommt. Jetzt noch los zu sprinten wäre lebensmüde – Tierliebe hin oder her, es hilft nur noch beten. Mit zusammengekniffenen Augen und durch eine schmale Lücke zwischen Zeige- und Mittelfinger schielen wir angstvoll auf das massige Fahrzeug, welches auf den Panzer zurast. Wir halten die Luft an, als der Lkw Herbert genau mittig ansteuert und so über den kleinen Körper saust, dass er sicher zwischen den Rädern durchkommt. Wir wollen gerade erleichtert ausatmen, als wir sehen, wie Herbert durch die Kraft des Luftzugs durch die Gegend gewirbelt wird. Wie im Comic verschwinden Kopf und Beinchen blitzschnell im robusten Panzer, während unser Freund mit viel Schwung über den Asphalt rollt und sich mehrmals überschlägt. Ein wenig Atemluft entweicht unseren Mündern, weil es aussieht, dass er es schaffen könnte. Ja, seine Rüstung scheint der Belastung standzuhalten. Uns stockt der Atem jedoch sogleich wieder, als wir des nächsten Fahrzeugs gewahr werden. Ein Pkw ist dem Lkw leider viel zu nah auf der Spur und steuert mit seinen Rädern exakt auf die Stelle zu, an der Herbert gerade wieder aufprallt, als das Auto ran ist. Mit einem Laut des Entsetzens wende ich meinen Blick schnell ab, bevor ich die furchtbare Kollision sehen kann. Ich weiß nicht, ob ich es mir nur einbilde, jedenfalls glaube ich das fiese Knacken des Panzers zu hören. Cornelia hat ihren Blick nicht abgewendet. So grün wie sie nun im Gesicht aussieht, fühle ich mich in der Magengegend.

„Er hat es nicht geschafft, oder?“, frage ich meine Freundin überflüssigerweise.

Sie nickt schwach. „Oh Gott, der arme Kerl!“, betrauern wir die Begebenheit und fahren zunächst schweigend und etwas langsamer weiter. „Ich könnte jetzt einen Schnaps vertragen!“, sind wir uns einig.

Vom Schnaps sind wir allerdings weit entfernt, als wir nach einer Tagesetappe von fast 87 Kilometern die Kleinstadt Tekija am rechten Donauufer und an den linken Hängen der Karpaten gelegen, erreichen. Das Beachcamp, von dem wir gelesen haben, ist unauffindbar beziehungsweise versperrt, sofern wir an der richtigen Stelle suchen. Einen geeigneten Wildcampingplatz entdecken wir ebenso wenig, sodass wir innerorts einer Beschilderung zu einer Unterkunft folgen. Da es bei diesem einzigen Hinweis bleibt, wissen wir bald nicht weiter, wohin abzubiegen es nun richtig ist. Zum Glück hilft uns ein alter Mann im besten Deutsch weiter: „Hier hoch“, zeigt er eine Straße entlang, „dort vermietet eine Frau!“
An der vermeintlichen Stelle angekommen, sehen wir immer noch nicht, wo es sein soll. Auf einem Balkon steht ein Mann, der uns etwas in der Landessprache zuruft. Ich erwidere das serbische Wort für „Zimmer“, zucke mit den Schultern, deute fragend in die Umgebung. Weil es mir vorkommt, als hätte ich ein russisches Wort aus seinem Mund gehört, füge ich noch „Женщина, Frau“ an, er nickt eifrig und steigt mit einem Schlüsselbund in den Händen zu uns hinab, signalisiert uns, ihm zu folgen.
„Der Typ ist alles andere als eine Frau … Ob das so stimmt“, äußert Cornelia ihre Bedenken.
„Warte ab, schließlich habe ich doch ganz deutlich die russische Vokabel für Frau gebraucht“, gebe ich mich selbstbewusst sowie zuversichtlich.
Als wir dann wenig später an einem Haus eintreffen, vor dem eine Frau gerade ihre Terrasse fegt, gebe ich mich stolz und murmele: „Siehste!“ Ich begrüße sie auf Serbisch, dann versuchen wir mit ein paar unterschiedlichen Sprachfetzen sowie Händen und Füßen herauszufinden, welche kommunikative Basis wohl am besten funktioniert. Ich merke, dass auch sie Russisch beherrscht. Schade, dass ich noch nicht weiter bin in meinem Lernprozess, denn für ein Gespräch reicht es absolut nicht. Glücklicherweise fällt mir die Vokabel für „klein“ ein, womit ich versuche meine Fähigkeiten zusammenzufassen. Unsere Idee, vielleicht auf dem Grundstück campen zu können – zu gern schlafen wir draußen – und lediglich Zugang zum Bad zu bekommen, gestikuliere ich also überwiegend. Ich bin so vertieft und konzentriert, bemühe mein Gehirn wie verrückt, um vielleicht doch noch ein paar der gelernten Worte an die Luft zu befördern, dass ich gar nicht bemerke, wie „unser Mann“ wartend am Schlüsselloch des Nachbarhauses steht. Auch Cornelia hat längst ein paar Meter weitergeschoben und ist am Gartentor des angrenzenden Grundstücks zum Stehen gekommen. Später wird sie behaupten, sie habe mich mehrmals angesprochen, meinen Namen immer und immer wiederholt. Ich jedenfalls

vernehme nur ein einziges Mal ihr zwischen den Zähnen hervorgepresstes „Mady“ und sehe mich um.

„Das ist die Nachbarin!“, erklärt mir Cornelia. Ich richte meine Aufmerksamkeit aufs Haus, an dem unser Begleiter mit einigen Fragezeichen in den Augen auf uns wartet.

„Aber, sie ist eine Frau …“, versuche ich es ein letztes Mal kraftlos, folge dann aber den anderen beiden, weil ich begriffen habe, dass ich die falsche Person mit unserem Camping-Anliegen behelligt habe. Und ich dachte, sie guckte stellenweise so irritiert, weil meine Sprach(un)kenntnisse so abenteuerlich waren …

Das nächste, was wir sehen, ist eine Zweizimmerwohnung, in der die Zeit stehengeblieben ist, mit ihr auch der Geruch von alten Menschen. Wir sind erschöpft, wissen, dass es in der Umgebung keine Campingmöglichkeiten für uns gibt, und entscheiden uns deshalb fürs Bleiben. Umgerechnet 13 Euro will der Mann haben, sauber sieht es aus.

Gleich nachdem unser Gastgeber verschwunden ist, reißen wir die Fenster auf und hängen mit unseren Blicken zunächst an der Tapete. Die bräunlichen Blumenmuster und Ornamente erzählen von einer anderen Epoche, ebenso

In einer anderen Zeit

die schweren dunklen Möbel und die Tischdecken, die ich so noch von meiner Uroma kenne. Apropos Uroma, wir wundern uns über eine verschlossene Tür auf der gegenüberliegenden Seite des Flurs und zweifeln vor allem aufgrund der nicht schwinden wollenden Duftnote an unserer Alleinsamkeit.

„Vielleicht wurde die Oma dort drüben eingesperrt!", mutmaßen wir lachend.

Zum Schlafen wählen wir das etwas hellere Zimmer. Die Kuhlen sind bei beiden Schlafgelegenheiten ähnlich tief, sodass wir nicht auslosen müssen, wer sich wo bettet. Da auf der ausgeklappten Couch eine Wolldecke liegt und Cornelia sich grundsätzlich in Sekundenschnelle Lebewesen, die bevorzugt in solchen Textilien hausen, einfängt, komme ich aufs Sofa.

Der Boiler im blau gestrichenen Bad leistet hinter einem schrillen Delfin-Vorhang gute Arbeit und beschert uns eine warme Dusche. Wenn man es vorsichtig anstellt, ist es sogar möglich, die schlecht sitzende und ebenfalls blaue Plastikklobrille aufzusuchen, ohne dass sie von der Schüssel fällt.

Es gibt eine Terrasse mit zeitgemäßem Tisch und Stühlen, sodass wir unsere Reise in die Vergangenheit für einige Stunden unterbrechen können und in der warmen Abendluft essen, trinken und lachen. Wir werten noch einmal aus, welche witzigen Verkettungen dazu geführt haben, dass wir hier gelandet sind. Außerdem zieht mich Cornelia damit auf, wie ich die unschuldige Nachbarin in unsere Quartierssuche einbezogen habe.

„Ach, die fand unseren Plausch sicher auch schön", gebe ich mich gewohnt zuversichtlich. Ich schiele zum Nachbargrundstück, von der Frau ist nichts mehr zu sehen … Komisch.

Als es schon dämmert, bleibt uns unvermittelt das Lachen im Halse stecken, weil wir ein wütendes Zischen vernehmen. Es erinnert an ein heftiges Niesen und kam eindeutig aus der Wohnung.

„Was war das denn?", starren wir uns mit weit aufgerissenen Augen an.

Wir sehen nach, finden aber nichts, machen deshalb eine herumstreunende Katze dafür verantwortlich.

Die Lampen in den umliegenden Häusern gehen an, während sich das Tageslicht endgültig für heute verabschiedet.

Zisch, schnarr! Da ist es wieder! Das undefinierbare Geräusch scheint sich mit zunehmender Dunkelheit zu häufen, in Abständen von etwa zwanzig, dreißig Minuten ertönt es.

„Das ist die Oma im Nebenraum!", erheitern wir einander unsicher scherzend.

Bevor wir entscheiden, schlafen zu gehen, suchen wir noch einmal alles ab, gucken unter den Betten nach, keine Ahnung, was wir vermuten dort zu

finden beziehungsweise besser nicht zu entdecken … Dass der Boiler die sonderbaren Töne von sich gibt, können wir ausschließen, streunende Katzen auch. Unwissend, was sich hinter der verschlossenen Tür verbirgt, kullern wir in die Vertiefungen unserer Betten, die Wolldecke lege ich vorsichtshalber ans Fußende.
Ich schließe meine Augen und die Erinnerung an eine Schlange, die wir heute auf der Straße haben liegen sehen, verwandelt sich in einen irren Traum aus umherfliegenden Schildkröten und schwebenden Omis, bis ich in einen tiefen Schlaf falle.

Wir sitzen gerade beim Frühstück, als unser Vermieter vorbeiläuft und offensichtlich prüfen will, wie weit wir sind. Wenig später und gerade erst bei Kaffee Nummer zwei angelangt, kommt er schon wieder. Allerdings betritt er dieses Mal das Grundstück und bittet um Zutritt zur Wohnung. Unsicher, was er will, folge ich ihm. Vorsichtig räumt er unsere Sachen beiseite und zieht das Bettzeug ab. Meine Güte, hat der es eilig, denke ich und beobachte ihn. Mit den Bezügen auf den Armen entfernt er sich dann wieder.
„Da können wir ja von Glück reden, dass wir nicht noch drin lagen!“, schütteln wir lachend die Köpfe und trinken aus.

Möchte ich dieses Land mit dem Herzen beschreiben, dann gibt es nur ein Wort, welches passt: liebenswert. Wenn auch meine Nase ein Wörtchen mitreden darf, erzählt sie vom Geruch nach totem Tier und den Ausdünstungen, die ein defekter Kühlschrank in winzigen Dorfläden verströmt. Wie oft schon schlug mir ein ungesunder chemisch-künstlicher Schwall ins Gesicht, wenn ich die Tür öffnete, um an eine vermeintlich kalte Cola zu kommen? Aber noch viel häufiger rochen wir Verwesung, manchmal bevor wir sie sahen. Ich habe noch nie innerhalb so kurzer Zeit so viele tote Tiere – Hunde, Katzen, Vögel, Igel, Schildkröten –, reglos und von Insekten befallen, gesehen wie in diesen Tagen. Das liegt natürlich daran, dass wir viel auf Landstraßen unterwegs sind und das mit einem Verkehrsmittel, mit dem wir nicht einfach bei hochgekurbelten Fenstern rasend schnell vorbeisausen können. Wir haben die Chance, nahezu alles wahrzunehmen, was sich um uns herum befindet. Lediglich zu Fuß gehen, wäre wohl noch eindrücklicher, dafür müssten wir das Gepäck allerdings auf dem Rücken tragen. Manchmal mischt sich auch der süßliche Geruch von Müll, den man einfach irgendwo abgeladen hat, in unsere Sinne und bleibt in unseren Nasenlöchern hängen.

Dafür, dass wir derart häufig den Weg mit Autos teilen, ist die Bilanz wirklich großartig: Die meisten Menschen überholen uns äußerst rücksichtsvoll, hupen dabei anerkennend und entgegenkommende Fahrerinnen und Fahrer winken freundlich. Es kann keinesfalls immer so geordnet zugehen, anders lassen sich die unzähligen Straßenkreuze und Grabsteine wohl kaum erklären, denn ähnlich wie die Tierkadaver sehen wir auch davon sehr, sehr viele …

Radlerpause – Aussicht genießen

Wir werden selbst an Baustellen, die wir auf der Straße 25 hinter Kladovo passieren, respektvoll behandelt, sogar, als es uns einige Male absolut nicht gelingen will, innerhalb einer einzigen Grünphase die Passage zu durchkurbeln, zu steil geht es bergauf. Es wird also rot, wieder grün und manchmal noch ein weiteres Mal rot und grün, bis wir es auf die andere Seite, wo der Gegenverkehr sich bereits auf den Weg gemacht hat, geschafft haben.
Einige Campingplätze, die in unserem Kartenmaterial vermerkt sind, gibt es nicht mehr, so folgen wir heute einer Empfehlung aus einer Tourist Information und freuen uns auf den Platz im Donauörtchen Brza Palanka. Es ist mal

wieder Zeit für einen Ruhetag und wir wollen gern zwei Nächte am gleichen Ort sein.

Auf den ersten Blick erscheint uns der offene Platz direkt am Wasser dafür sehr geeignet, nur auf den zweiten leider nicht mehr. Ich hoffe, wir hatten nur ein ungünstiges Timing, denn ich möchte den Ort keinesfalls schlechtmachen, aber als ich ins Bad spähe, bietet sich mir ein Anblick, der kaum das Potenzial birgt, dass wir uns hier gleich zwei Tage lang rundum wohlfühlen würden.

Mit der vagen Erinnerung an ein vorheriges Schild, auf dem – neben Gasthaus und Restaurant – womöglich auch ein Zelt abgebildet war, verschwinden wir wieder. Wir müssen durch eine Baustelle, die wir ja gerade erst erfolgreich gemeistert haben, wieder ein Stückchen zurück. Die Arbeiter beäugen uns erneut neugierig. Ich glaube, sonderlich viele Tourenradler kommen hier nicht durch. Wir strampeln und strampeln, halten Ausschau nach der Hinweistafel, fahren vor und zurück, noch ein weiteres Mal durch die Baustelle hindurch, weil wir unterschiedliche Auffassungen davon haben, wo das Schild gewesen sein soll. Ich habe keine Ahnung, wie oft wir letztendlich vor und zurück gerollt sind. Fest steht nur, dass die fleißigen Handwerker in orangefarbener Kleidung uns mittlerweile für ziemlich verwirrt halten müssen. Noch wissen weder sie noch wir, dass wir insgesamt drei weitere Male, wenn auch in den nächsten Tagen, hier durch kommen werden.

An der Abzweigung in das Dorf Ljubičevac entdecken wir ein Schild mit einem Zelt darauf, auch unsere Karte zeigt das gleiche Symbol, komisch, dass bis dato niemand diesen Platz erwähnt hat und er uns entgangen ist … Egal, wir sind nun schon so viel umhergekurvt, dass es auf diesen Abzweig auch nicht mehr ankommt.

Wir finden uns in einem Ort wieder, der an ein Geisterdorf erinnert, allerdings an ein edles, denn es scheint, als wären die Häuser entweder gerade erst aus dem Boden gestampft oder frisch saniert worden. Es ist aufgeräumt, sauber, Sitzbänke sind ordentlich gestrichen, hübsch verzierte Blumentöpfe liebevoll bepflanzt … Nur menschliches Leben, das scheint es an diesem wohlpolierten Flecken Erde nicht zu geben, ein sonderbarer Kontrast. Auf den gepflegten Rasenflächen stehen regungslose Kinderschaukeln und einladende Pools warten auf Badende, wenn sie die Hoffnung darauf nicht schon längst aufgegeben haben ... Was für ein seltsamer Ort.

Tatsächlich finden wir recht bald wirklich einen Campingplatz, dessen erster Eindruck auf uns dunkel und wenig anziehend wirkt. Wir fahren über das Areal, observieren die Hocktoiletten, die hier picobello sind, und werden dann von einem robusten Mann mit nach hinten gegelten Haaren und Zopf um die vierzig in ein holpriges englisches Gespräch verwickelt. Für nur fünf Euro sind wir hier insgesamt, also zu zweit, dabei. Erst einmal sagen wir für nur eine Nacht zu und ziehen es in Erwägung, den Ruhetag zu verschieben, um ihn uns für einen Ort aufzuheben, an dem das Herz gleich laut „Ja!" schreit. Hier sind wir – neben einigen Dauercampern in Hütten und Wohnwagen – die einzigen Gäste, erst recht die alleinigen Zelterinnen.

Im Minimarkt des Ortes erfahren wir dann wenig später, was es mit Ljubičevac auf sich hat. Eine Rentnerin mit hervorragenden Deutschkenntnissen erklärt uns: „Um die 90 Prozent der Dorfbewohner leben im Ausland und kommen, wenn überhaupt, nur für eine kurze Zeit während des Sommers hierher zurück."

„Und warum sieht alles so neu aus?", wollen wir wissen.

„Mit dem ersten Geld, was wir im Ausland verdienten, begannen wir die Häuser unserer Vorfahren zu restaurieren, denn wir dachten, wir kämen zurück. Die Ungewissheit, ob Arbeitserlaubnisse verlängert werden würden, war jedes Jahr aufs Neue präsent und wir wollten uns, solange wir besser verdienten, hier ein Nest schaffen. Bei den meisten von uns lief es dann so, dass wir tatsächlich dauerhaft in Dänemark, Schweden und Österreich, so wie ich, geblieben sind. Tja und das Ergebnis sehen Sie ja …", deutet sie in die Umgebung.

Wir nicken interessiert und geben uns alle Mühe, den Umsatz im kleinen Laden voranzutreiben, indem wir uns eine Flasche Wein, Oliven, Cracker, Käse … gönnen. Eine kurze Zeit des Tages können sich die übrig gebliebenen Dorfbewohner sowie die Heimaturlauber hier versorgen.

Mückenfrei in Ljubičevac

Abends sitzen wir mit dem wirklich herrlichen serbischen Rotwein auf einer Bank unterhalb unserer Zeltwiese und schauen auf die Donau und eine Handvoll Kähne, die am Ufer vertäut sind. Zum ersten Mal seit langer Zeit lassen uns die Mücken mal in Ruhe und das, obwohl wir so nah am Fluss sind. Mit der Aussicht aufs Wasser, der Moskitofreiheit und jedem weiteren Schluck Rotwein gefällt es uns von Stunde zu Stunde besser, sodass wir beschließen, hier doch den Ruhetag zu verbringen. Dass dieser für einige Organe, besonders die Leber, alles andere als entspannt wird, ahnen wir noch nicht …

Auf dem Selfie, das wir von uns machen, als wir unsere Schnapsgläser erheben, sehen wir von der Nacht noch recht verquollen aus und die Augen sind mehr zu als offen.

„Das geht ja gut los!“, tuscheln wir uns lachend zu, als wir die Frühstückseinladung unseres Gastgebers wahrnehmen und bei Kaffee, Ei, Wurst, Brot und eben auch Hochprozentigem sitzen und versuchen, schneller zu essen als zu trinken.

Der Campingplatzbetreiber Dobrilo stellt uns im bruchstückhaften Englisch und Deutsch die anderen Männer, die mit am Tisch sitzen, vor. Zu jedem Namen gehört die gleiche Berufsbezeichnung: Polizeichef, nur die Regionen weichen voneinander ab. Einer von ihnen, Ivo, trägt lediglich eine Badehose sowie eine Goldkette mit Anhänger und lächelt uns aus gutmütigen Augen an, sein Englisch ist passabel. Sein Erscheinungsbild lässt meine Vorstellung vom uniformierten Ordnungshüter verschwinden. Ich schmunzele stumm in mich hinein, weil ich jetzt schon ahne, dass uns ein Tag in interessanter Gesellschaft bevorsteht. Ein paar Brocken der Weltsprache beherrschen aber auch die beiden anderen. Branko, ein recht behaarter Zeitgenosse aus der Kategorie „gemütlicher Teddybär“, hat von den anderen den Beinamen „Columbo“ verpasst bekommen und versucht sich bestmöglich an der Kommunikation zu beteiligen. Ob der Spitzname von seinem Tätigkeitsfeld herrührt und er Morde aufklärt oder es andere Gründe sind, weshalb sie ihn hier so nennen, bleibt offen. Polizist Nummer drei ist eher schüchtern. Luka, der Typ, der uns am Vortag den Zeltplatz zugewiesen hat, ist die etwas jüngere Ausgabe von Dobrilo. Dieser hat das schüttere halblange Haar nach hinten gekämmt, ein weißes Poloshirt spannt sich über den beachtlichen Bauch, der jeden Kardiologen mit der dringenden Empfehlung einer Nahrungsumstellung auf den Plan rufen dürfte. Die Füße stecken in blitzblanken weißen Marken-Turnschuhen, an seinem Handgelenk zeigt eine goldene Armbanduhr die Zeit an und seinen Finger ziert ein auffälliger

Ring. Luka, dessen Haar deutlich dichter ist, fängt jeden Blick von Dobrilo auf und weiß bestens, was zu tun ist: Kaffeewasser aufgießen, Brotkorb oder Schnapsgläser befüllen ... Zwischenzeitlich rührt er in einem riesigen Topf und bietet uns eine Kostprobe an.

„Luka ist ein hervorragender Koch", erklärt uns Dobrilo, „sein Reh ist das Beste!"

Wir nicken.

„Heute gegen 14 Uhr essen wir alle zusammen zu Mittag, bitte seid unsere Gäste!", lädt er uns ein.

Prost

Cornelia und ich sind uns einig, dass dieses Angebot angenommen werden muss. Wir beschließen also unsere Einkäufe im Nachbarort – wir benötigen ein paar haltbare Snacks und frisches Obst – so schnell zu erledigen, dass wir pünktlich zurück sein werden.

Die Zeit zwischen dem Ende des hochprozentigen Frühstücks und unserer Rückkehr zur späten Mittagszeit ist schnell erzählt: Wir erledigen eine umfangreiche Kleiderwäsche per Hand, rollen mal wieder durch die Baustelle in den Nachbarort, kaufen ein, halten uns ein Stündchen bei einem Kaffee auf und radeln dann zurück zum Campingplatz, wo Luka bereits den Tisch deckt.

„Bier oder Wein?", steht die Frage alternativlos im Raum, als wir Platz nehmen.

Wir halten Ausschau nach weiteren Gästen, denn es hatte so geklungen, als käme noch Dobrilos Familie vorbei. Zunächst bleiben wir jedoch unter uns, nur ein weiterer Polizist mit freiem Oberkörper gesellt sich zu uns. Der Eintopf aus Reh, Kartoffeln, Möhren und Pilzen ist fertig durchgezogen, sodass Luka Dobrilo einen Löffel zum Kosten hinhält, nicht ohne das Essen vorher kaltgepustet zu haben. Mit einem Nicken segnet Dobrilo das Mahl ab. Dann bekommen wir anderen aufgetan und erheben die Gläser zum Anstoßen, dabei küssen sich unsere beiden Protagonisten nacheinander auf den Kopf. Vom Essen nehmen sie sich zuletzt.

Nach einer ganzen Weile taucht dann doch noch die angekündigte Ehefrau auf, hebt die Frauenquote allerdings nur sehr kurz an. Freundlich begrüßt uns die stolze Erscheinung im grünen Kleid. Ihre Ausstrahlung ist genauso stark und einnehmend, wie ihr Körperbau kräftig ist. Luka befüllt ihr das mitgebrachte Plastikgefäß mit der würzigen Speise und schon ist sie wieder weg, isst nicht mit uns. Dobrilo quittiert meine Nachfrage, ob sie denn nicht bleiben wolle, mit einem knappen Kopfschütteln. Obwohl ich ihn noch einige Sekunden fragend anschaue, bleibt es bei dieser sparsamen Antwort. Wenig später erscheint eine kleine Gruppe Menschen mittleren Alters mit Kindern im Schlepptau und setzt sich an den Nebentisch. Ein Mann, der bestens Deutsch spricht, kommt zu uns hinüber und lässt uns von unserem Gastgeber Folgendes unmissverständlich in unserer Landessprache ausrichten: „Ihr seid gern gesehene Besucher, solltet ihr irgendetwas benötigen, lasst es Dobrilo wissen, egal was es ist …"

Eintopf in Arbeit

Perfekt gewürzt – Einladung zum Bambiessen

„Danke", nicken wir und polieren unsere Teller mit einem Stück Brot. Wir bemühen uns zudem, immer genügend Getränk in den Gläsern zu lassen, sodass wir vom allzu schnellen Nachfüllen verschont bleiben. Ums Kosten eines „ganz besonderen" Weines kommen wir trotzdem nicht herum. Einer der Polizisten macht sich nämlich extra auf den Weg zu jemandem, der ganz tollen Rebensaft aus einer Anbauregion hier in der Nähe vertreibt.

Um die spätere Nachmittagszeit gelingt es uns, eine kleine Auszeit zu erwirken. Nachdem wir den Männern erklärt haben, wir wollen uns in der Donau erfrischen und dann einen kurzen Mittagsschlaf halten, nicken sie verständnisvoll.

Als wir vom Baden zurück zum Zelt kehren, welches übrigens nur zwei, drei Schritte vom überdachten Aufenthaltsbereich entfernt steht, liegt davor eine sorgfältig ausgebreitete dicke Decke. Wir können Luka und Ivo gerade noch davon abhalten, für unser Camp ein schattiges Plätzchen zu suchen und beteuern, dass wir es wirklich ausreichend bequem haben. Wahnsinn, die Männer behandeln uns wie Prinzessinnen! Ja, heute sind wir außerordentlich glücklich darüber, Frauen zu sein. Ein klarer Vorteil unserer Weiblichkeit liegt beim Reisen darin, dass uns – so ist meine Erfahrung – einmal mehr geholfen wird als dem globetrottenden Mann. Beim Trampen während vergangener Reisen haben uns viele Fahrerinnen und Fahrer versichert, dass sie uns nur mitnahmen, eben weil wir Frauen sind.

Der weitere Tag verstreicht mit einem Spaziergang zu Ivos bester Angelstelle, wo er heute leider nichts fängt, und einer musikalischen Einlage von Dobrilo. Die anderen Gäste sind längst wieder verschwunden – so wie sie gekommen

Wir fühlen uns wie Prinzessinnen

waren, auf der Ladefläche eines Traktoranhängers. Nun flötet Dobrilo uns, der altbekannten Runde, etwas vor. Ich darf filmen, während die anderen respektvoll lauschen. Irgendwann am Abend verschwindet unser Gastgeber und kehrt nicht mehr zurück.

Nun hat auch Luka mehr Zeit, mal länger als ein paar Minuten still zu sitzen. Ums Nachschenken kümmert er sich dennoch beflissen. Wir erfahren, dass er einen Sohn, aber keine Frau dazu habe, woraufhin uns die Männer das serbische Wort für „Storch“ beibringen. Wir fühlen uns bestens aufgehoben in dieser Runde, in der uns – selbst zu fortgeschrittener Stunde und bei deut-

lich gewachsenem Alkoholpegel – niemand beflirtet oder zu nah kommt. Alle begegnen uns mit Respekt, lassen uns klar spüren, dass wir ihre Gäste sind, denen es zu einhundert Prozent gutgehen muss.
Gegen zehn oder elf Uhr kommt Luka auf die Idee, Horst anzurufen.
„Wer ist denn Horst?“, will ich wissen, während Cornelia mit Branko die Aussprache des serbischen „Danke“ perfektioniert.
„Er ist Deutscher, kommt jedes Jahr hierher, feiner Kerl“, gibt mir mein Gesprächspartner zu verstehen. Für mich ist die Befürchtung, Horst möglicherweise aus dem Bett zu klingeln, so groß, dass ich versuche Luka vom Anruf abzuhalten. Dieser winkt nur müde ab, wählt und drückt mir den Hörer ans Ohr.
„Hallo Horst, hier ist Mady!“, begrüße ich meinen unbekannten Telefonpartner.
Horst antwortet freundlich und versichert mir auf meine Entschuldigung für die späte Störung, dass er noch putzmunter sei und mit Gästen eine Gartenparty veranstalte. Ich erfahre, dass er schon seit vielen Jahren hierher kommt und sein nächster Besuch für den Herbst geplant sei. Nachdem ich von uns berichtet habe, gibt mir Horst noch einen wichtigen Rat: „Die Männer sind gute Jungs, genießt die Zeit, nur haltet euch an eines: Versucht beim Trinken UNTER GAR KEINEN UMSTÄNDEN mit ihnen mitzuhalten!“
„Danke, Horst“, ich drücke Luka sein Telefon in die Hand.

Am nächsten Morgen geht es uns gut, das moderate Trinken über den ganzen Tag verteilt, war offensichtlich halbwegs körperschonend.
Nur mit größter Mühe gelingt es uns, so langsam das Signal zur Abreise zu geben. Mit einem Frühstück, welches dem vom Vortag gleicht, versuchen die Männer uns zum Bleiben zu bewegen. Immer wieder will Luka uns einen Kräuterschnaps einschenken, wir wehren uns, drücken entschieden die Handflächen aufs Glas und versuchen klarzumachen, dass 90 Kilometer Fahrradfahren und Alkohol so gar nicht zueinander passen. Der Widerstand ist zwecklos, zum Abschied gibt es „noch etwas ganz Leichtes“, einen „Mädchenschnaps“ mit nur 28 Prozent …
Wir schießen noch ein Selfie, bezahlen die vereinbarte Summe, wobei wir das Gefühl haben, dass es den Männern herzlich egal ist, ob wir Geld dalassen oder nicht. Dann schwingen wir uns, bevor der nächste Schnaps droht, auf die Sättel und rollen davon, ein letztes Mal durch die Baustelle hindurch. Demnächst können wir uns im Straßenverkehr wohl alles erlauben, angesichts all der guten Kontakte zu diversen Polizeichefs …

Wir sind traurig, dass wir dieses gastfreundliche Land bald verlassen werden. Heute noch geht es am Grenzübergang Bregovo hinüber nach Bulgarien. Die Messlatte liegt so hoch, dass wir uns gerade kaum vorstellen können, dass es anderswo auch schön sein soll.

Die Strecke verläuft durch verschlafene Gegenden und über einen ziemlich unebenen, teilweise zugewachsenen Weg, auf dem es mich mal wieder besonders stark durchrüttelt, bis wir den Ort Kusjak erreichen. Hier führt der EuroVelo hinunter zum Donaustrand, wo Serbien, wie es scheint, noch einmal alles gibt, bevor wir ausreisen dürfen. Es tobt ein buntes Sommerfest, mit Livemusik, Getränkeständen und etlichen gut gelaunten Besuchern. Zuerst spricht uns ein Biker an, ehemaliger Busfahrer, der so viel in Deutschland unterwegs war, dass er auch Magdeburg kennt. Dem Plausch mit ihm folgt die Kontaktaufnahme eines dünnen Typen mit langem Spitzbart, der uns kurzerhand an seinen Picknicktisch einlädt. Er besteht darauf, dass wir uns ordentlich satt essen, schließlich haben doch Radfahrer immer Hunger, wie er aus eigener Erfahrung weiß, da er auch schon bis zum Schwarzen Meer geradelt ist. So sitzen wir mittendrin, zwischen Männern, Frauen, Kindern, auf einer Bierbank und greifen beherzt zu. Nicht zum ersten Mal essen wir Cevapčici, gegrillte Röllchen aus Hackfleisch, sollen aber auch ordentlich von Brot, Schafskäse, Würsten, Quiche und Salat nehmen …

Es heißt ja immer, man soll gehen, wenn es am schönsten ist, dennoch sind wir ehrlich betrübt, als wir auf den Grenzübergang nach Bulgarien zusteuern. Ich habe mittlerweile sogar gelernt ganz rudimentäre „Dialoge" auf Serbisch zu führen. Ich kann begrüßen, verabschieden, „Ja" und „Nein" sagen, nachhaken, ob „geradeaus" weiterhin stimmt, mich bedanken und anfügen, welches unser Heimatland ist. Ach ja und ich weiß, wie man „Storch" übersetzt. Und nun sollen wir gehen …?

Weiterfahrt durch verschlafene Orte

Zurückgeschaut … Glücksmomente in Serbien

Dass wir in diesem Land, bis auf wenige Ausnahmen, dauerbegeistert waren, ist wohl klar. Nur die verlassene Endlosstrecke im Nirgendwo und Cornelias nächtliche Schreckensstunden aufgrund der unbekannten Besucher, die sich leider erst im Hellen als Angler entpuppten, waren weniger angenehm. Ich bin froh, dass sich meine Erwartungen an Serbien sogar mehr als nur erfüllt haben. S-E-R-B-I-E-N, wenn ich das schreibe, wird mir warm ums Herz und meine Mundwinkel huschen nach oben. In diesem Land habe ich mal wieder besonders deutlich gespürt, dass Schönheit nicht nur in einer Landschaft oder der Architektur zu finden ist, sondern vor allem in den Menschen, die einem begegnen.

Außerdem durfte ich bemerken, dass Glück – im Gegensatz zur EU-Grenzlinie – keine territorialen Einschränkungen kennt: In Frankreich, es ist ewig her, hat mir der junge Mann in seinem Atelier im Felsen klar gemacht, dass die Kunst ihn glücklich macht. Kilometerweit entfernt, hier in Südosteuropa, bekamen wir die gleiche Antwort und zwar vom Maler, der seine Wände verschönerte. Ist Kunst etwas, was das Potenzial hat, jeden mit der gewissen Ader dafür zu erfüllen, ganz gleich, wo und wie er lebt und welche Sprache er spricht?
Auch die Aussage, dass es glücklich machen kann, wenn man sich mit frohen Menschen umgibt, ist uns in der Person des liebenswürdigen Jovan, der seine Camperinnen und Camper mit offenem Herzen empfängt, erneut begegnet. Ebenso diese „Glückregel" scheint länderübergreifend zu gelten.

Nicht zuletzt habe ich mit dem jungen Serben und seiner Freundin ein weiteres Liebespaar vor der Kamera gehabt. Die beiden waren sogar auch mit Fahrrädern unterwegs, genauso wie meine Gesprächspartner in Donauwörth. Ja, die Liebe. Wir haben sie nicht nur als Liebe in der Paarbeziehung beobachten dürfen, sondern sie selbst gespürt – und zwar vom ersten Meter an, auf dem uns die jubelnden Landwirte begrüßten, bis zuletzt am Picknicktisch der Sommerfestbesucher.

BULGARIEN – Von Vidin nach Silistra … rund 550 Kilometer

Die Kilometer sind wohl deutlich abzulesen

Mehr als 3800 Kilometer zeigt mein Fahrradcomputer an, knapp 5000 werden es am Ende in Constanța sein, wir planen also noch mehr als 1000 Radelkilometer in den letzten beiden Reiseländern zu verbringen. Für mich ist es ist bald acht Wochen her, dass ich Magdeburg den Rücken gekehrt habe. Es macht mich stolz, nun schon das neunte von zehn Ländern aus eigener Kraft erreicht zu haben. Selbst einen Zeitzonenwechsel darf ich mitbekommen, denn in Bulgarien ist die Uhr eine Stunde weiter. Mit der Währung, die hier „Lew“ heißt, halte ich das nächste Geld in den Händen. Kulturell müssen wir uns, wie auch in einigen anderen Ländern, auf die gegensätzliche Bedeutung vom Nicken beziehungsweise Schütteln des Kopfes einstellen, denn unser „Ja“ ist hier ein „Nein“ und umgekehrt. Da es mir bei einer früheren Reise schon einmal zum Verhängnis wurde, werde ich diesen Unterschied wohl nicht vergessen …

Die Grenze gleicht einem recht verlassenen Ort, dessen unbemerkte Durchfahrt von einem quergestellten alten Tisch verhindert wird. Ein freundlicher Beamter stapft aus seinem Häuschen und schaut sich die Pässe an. Er wirft einen interessierten Blick auf die Räder und erinnert mich daran, dass mein Dokument bald an Gültigkeit verliert. Mit „bald“ meint er Dezember, aber vielleicht denkt er, wir fahren noch ewig so weiter … Wir haben uns bewusst für die Mitnahme der Reisepässe entschieden, weil wir gern Stempel sammeln. So drückt uns auch dieser Mann selbigen aufs Papier und wir schieben die Räder am Tisch vorbei. Nun sind wir offiziell aus Serbien aus-, aber noch nicht ins nächste Land eingereist, den bulgarischen Stempel gibt es kurz darauf.

Bulgarien begrüßt uns zunächst mit Armut und Verfall. Unser Tagesbeginn in der Stadt Vidin, einst keltische Siedlung, später beherrscht von Osmanen und bulgarischen Zaren, ist noch ganz beschwingt, so weist uns sogar ein freundlicher Einheimischer – selbst mit dem Rad unterwegs – den Weg zur Baba-Vida-Festung, die im Mittelalter Hauptverteidigungsanlage der Stadt war und als wichtigste Festung im Nordwesten Bulgariens galt. Auch der Wegverlauf direkt an der Donau bedeutet einen guten Start in unseren ersten vollständigen Radlertag in diesem neuen Land. Allerdings dauert es nicht lange und es ist, als ob sich ein düsterer Schleier über die Region legt. Obwohl der Himmel blau strahlt und sich mit ein paar weißen Wolkenfetzen schmückt und alles hell ist, so erscheint es uns hier dennoch trist. Egal, wie sehr es die Sonnenstrahlen auch probieren, es will ihnen einfach nicht gelingen, den Ruinen und Häusern, von denen der Putz bröckelt, Leben einzuhauchen.

Startschwierigkeiten in Bulgarien

In einem Ort, dessen Namen ich vergessen habe, sitzen wir auf einer Bank, schlürfen kalte Cola aus dem Dorfladen. Um uns herum turnt ein zwielichtiger Halbwüchsiger und ein dünnes Männchen mit roter Nase hockt verloren auf einer weiteren Sitzgelegenheit. Unser Blick hängt erst an ein paar eingeschlagenen Fensterscheiben, schweift dann zu Müllcontainern, hinter denen Unkraut und Büsche wild wachsen. Ein alter Flachbau mit schlichten klaren Linien und zu viel Grau trägt kaum zur Besserung bei. Während des Radelns gähnen uns unentwegt leere Betonskelette an. Vergitterte Fenster und abgebrochene Treppenstufen ergeben ein trostloses Bild mit alten Plakaten, deren Fetzen sich von den rissigen Wänden schälen.

Zum ersten Mal beklagen heute auch die Straßenhunde ihren Frust und attakkieren unsere Ohren mit ihrem kräftigen Bellen. Doch nicht nur das, wie die Blitze jagen sie den fahrenden Rädern hinterher, einmal empfinden wir es als so unangenehm, dass ich mein Pfefferspray schon auf Anschlag halte. Glücklicherweise muss ich die Tiere damit nicht quälen, sie lassen von uns ab, unsere Ausdauer gewinnt. Es reicht sogar, dass Cornelia zur Warnung ihren Stock zwischen den Hinterradtaschen hervorzieht und damit kurz durch die Luft fuchtelt. Diese Geste allein genügt, uns Respekt zu verschaffen.

Im krassen Gegensatz zu dieser Tristesse, gegen die nicht einmal die Kraft warmen Sonnenlichtes ankommt, stehen die glockenklaren Stimmen der Kinder, die uns immer wieder ihr fröhliches „Hello, hello!" in den Fahrtwind rufen. Einige springen sogar auf, kommen aus einfachen, manchmal verfallenen Häusern mit überwucherten Mauern, hervor gerannt. Wir können uns gut vorstellen, dass sich mehr als eine Generation den offensichtlich knappen Wohnraum teilt. Manchmal sind Tür- und Fensteröffnungen lediglich von dünnen Stoffen geschützt. Einmal stürzt ein Mädchen aufgeregt in unsere Richtung und wirft uns Handküsse zu. Auch die Autofahrer, die hier aber im Gegensatz zu ihren serbischen Nachbarn häufiger in rostigen Karren sitzen, hupen und winken ebenso freundlich.

Wenn wir an Serbien zurückdenken, erinnern wir uns lediglich an einen einzigen anderen Radreisenden – von den Begegnungen auf Jovans Campingplatz einmal abgesehen – der am Straßenrand pausierte, während wir vorbeirollten. Hier in Bulgarien treffe ich doch tatsächlich einen Teil der Green Riders, der riesigen Gruppe, wieder, die ich in Frankreich kennenlernte. Frankreich, wie verdammt lange ist das her! Obwohl die Radler weniger Zeit haben und somit längere Etappen fahren, kommt es zu diesem Wiedersehen. Damit hätte ich nicht gerechnet. Da es allerdings nicht genau die Personen sind, mit denen ich mich unterhalten hatte, fällt das Gespräch nach dem „Wie war's?" knapp aus. Als wir uns beim Pausieren am Straßenrand in dicken Spinnennetzen verfangen und gleich darauf ihre fettbäuchigen Erbauer ausmachen, können wir diesem ersten Radlertag noch weniger Gutes abgewinnen. Frontfahrerin Cornelia ist nämlich auf dem Weg in die Parkbucht direkt in die Spinnweben gefahren, ich habe die flatternden Reste abbekommen. Noch lange nach dieser unangenehmen Pause krabbelt und kitzelt es ständig irgendwo an Armen und Beinen und wir sind trotz gründlichen gegenseitigen Absuchens unsicher, ob sich nicht womöglich irgendwo ein Tier versteckt hat …

Wir landen nach einem Tag, der sich länger anfühlte, als er es mit nur 65 Kilometern war, in Lom an. Doch an diesem Ort, in dem alle Hotels ausgebucht scheinen, sind Trübsinn, Leere und finanzielle Lage der Bevölkerung, wie wir sie beim Radeln wahrgenommen haben, wohl nicht mehr zutreffend. Augenscheinlich sind viele Bulgaren hier zu Gast. Wir wissen nicht, warum es keine freien Betten mehr gibt, werden nur immer und immer wieder weggeschickt. Zelten lässt uns auch niemand, und ortsauswärts irgendwo in der Natur zu stehen, kommt für uns nicht in Frage, angesichts der bedrückenden Stimmung, die den ganzen Tag wie ein schwerer Mantel auf uns lastete. Wir haben noch kein Gefühl für dieses Land und das braucht es, um beurteilen zu können, ob wir das Lager zwischen zwei Orten aufschlagen wollen.
Nach langem Umhergeirre und mit der Hilfe eines engagierten Passanten sowie dem nötigen Quäntchen Glück gelingt es, das letzte freie Doppelzimmer in einem zentralen Hotel zu bekommen. In Westeuropa habe ich für meine Zeltplätze in etwa die Summe aufbringen müssen, die hier pro Kopf ein Doppelzimmer kostet. Für knapp zehn bis hoch zu 19 Euro durfte ich kampieren, hier schlägt die Nacht mit 15 Euro pro Kopf zu Buche. Das Zimmer ist sehr sauber, groß und verfügt über ein geräumiges Badezimmer.

Schopska Salat

Wir müssten wohl die gleiche Strecke noch einmal auf rumänischer Seite zurücklegen, um beurteilen zu können, ob Hundeanzahl und Infrastruktur hier wirklich besser sind, als von unserer einstigen serbischen Gastmami beurteilt. Aber, auch wenn dieser Tag – verglichen mit der fröhlichen Zeit zuvor – eine Belastung war, so wollen wir an unserem Vorhaben festhalten und weiter in Bulgarien bleiben, selbst wenn spätere Seitenwechsel des Grenzflusses durchaus möglich wären.
Der nächste Tag beginnt mit der pausbäckigen Obsthändlerin, die in meine Kamera lächelt, deutlich beschwingter als sein trüber Vorgänger. Plötzlich ist da so viel Farbe. Auf der Lebensmittelwaage liegen leuchtend rote Melonenstücke, die Verkäuferin selbst trägt einen strahlend blauen Kittel und hat für jeden Kunden ein freundliches Wort auf den Lippen. Immer wieder taucht

Die glückliche Obstfrau

jemand auf und greift in die Körbe, in denen es Gemüse in vielen Farben gibt. Wir bekommen mit, dass die Händlerin ihren Kunden von uns und unserem Projekt erzählt, woraufhin wir neugierig gemustert werden. Ihr Englisch genügt, mir klarzumachen, dass ihre Arbeit und die Familie sie glücklich machen. Seit sieben Jahren schon sei sie hier tätig und fuchtelt beim Erzählen mit einer grünen Salatgurke, die vom Feld ihres Chefs stamme. Geld verdienen, arbeiten zu dürfen, ja, das kann glückstiftend sein. Vor allem, wenn man in einem Land lebt, welches im europäischen Vergleich mit zu den ärmsten gehört.

Mensch, was geht es uns gut, denken wir, als wir über Kopfsteinpflaster hoppeln und danach zwischen Feldern durch eine Allee fahren und bald steil bergauf müssen. Klitschnass geschwitzt genießen wir einen sehr ausladenden Blick auf die Donaulandschaft und das Nachbarland Rumänien. Es kommt uns vor, als befänden wir uns auf der einzigen Erhebung weit und breit, denn von hier oben wirkt alles sehr flach. Zwischen einem kleinen Waldstück schauen Häuserdächer hervor, die Donau erscheint zwar breit, aber ihre Strömung ist aus dieser Entfernung nicht erkennbar, so glauben wir, sie sei ein starres Band, eine reglose Grenze zwischen zwei Ländern. Aufgrund der Hitze sind Felder und Gras teilweise vertrocknet und ruhen als bräunliche Fläche unter dem blauen Sommerhimmel.

Der Verkehr ist mäßig bis ruhig, selbst um das Kernkraftwerk im Ort Kozloduy herum. Von Weitem lässt sich vermuten, dass wir es hier mit einem wichtigen Arbeitgeber zu tun haben, angesichts der Größe des Areals. Es handelt

Aussicht auf die bulgarische Donau

sich um das einzige aktive Kraftwerk Bulgariens, welches man übrigens nicht fotografieren darf, Schilder zeigen das Verbot an.

Nach überstandenem Regenguss und aggressivem Mückenangriff kämpfen wir uns mit bereits knapp 80 Kilometern in den Beinen steil bergauf in den Ort Oryahovo, wo wir uns eine Unterkunft suchen wollen. Es ist hilfreich, dass ich ein wenig kyrillisch lesen kann, so finden wir den korrekten Verweis auf ein „Hotel“. Die Anführungszeichen benutze ich nicht etwa, weil hier ein anderes Alphabet zur Anwendung kommt, sondern da das, was wir vorfinden, als wir den Hinterhof eines Privathauses passieren und eine steile dunkle Treppe hinaufsteigen, kaum unserem Verständnis eines Hotels gerecht wird.

„H-O-T-E-L?“, formen unsere Lippen das Wort, als wir die Riemen der Radtaschen von den Schultern schieben und uns umsehen. Alte, tiefdunkle Schränke, Polstermöbel, Gardinen, Tischdecken und eine Deckenlampe mit einem höheren Lebensalter als dem unsrigen begrüßen uns. Unser Gastgeber, ein Mann mittleren Alters, ist über die knarzenden Treppenstufen längst wieder verschwunden, mit unseren umgerechnet 20 Euro in den Händen. Vom Wohnzimmer zweigt ein weiterer Raum ab, der ähnlich dunkel und schwer wirkt. Die Tischdecke scheint aus den gleichen Handarbeiterhänden zu stammen wie ihr Zwilling im Nebenraum. Oberhalb eines weinroten Sofas hängt ein Bild, auf dem ein tiefgrüner Birkenwald zu sehen ist. Das Motiv scheitert kläglich beim Versuch der Umgebung Lebendigkeit einzuhauchen. Lediglich die beiden Einzelbetten, ausgerichtet auf einen Röhrenfernseher, wirken angesichts der weißen Laken etwas freundlicher. Ich lasse mich auf die vordere der beiden Matratzen fallen und werde prompt von ihr verschlungen. Wie eine zuklappende Perlenmuschel umschließt mich die Unterlage. Cornelia und ich können nicht anders, wir müssen herzhaft lachen, während ich mit jeder Bewegung tiefer einsinke.

„Naja, wenn man einmal die richtige Position in der Kuhle gefunden hat, schläft es sich bestimmt gut", scherzen wir und fragen uns, ob wir es am folgenden Morgen mit eigenen Kräften aus den Matratzen hinausschaffen werden. Noch zweifelhafter als das erfolgreiche Aufstehen wird wohl das Betätigen der Klo-Spülung sein. Das WC befindet sich auf dem Flur, und selbst mit schwungvollem Ziehen an der Strippe, die vor unseren Nasen baumelt, will nicht mehr als ein lustloses Rinnsal die alte verfärbte Schüssel hinabfließen. Oh je … Naja, alles in allem haben wir, was wir brauchen: die Möglichkeit, Körperpflege zu betreiben, einen trockenen Schlafplatz und eine Wäscheleine, an der wir die nassen Sachen aufhängen.

Eindeutige Verletzung der Verkehrsregeln

Im Dorfladen, welchen wir besuchen, nachdem wir an einer traurigen Ruine, die einst ein Hotel war, vorbeigekommen sind, erregen wir ein paar neugierige Blicke. Auch beim Abendessen in einem Lokal werden wir beobachtet. Angenehmerweise herrscht im Restaurant viel Leben. Die Straßen sind leer, vielleicht auch, weil sich viele im Gasthaus treffen.
Es dauert nicht lange, bis sich zwei Männer zu uns gesellen. Uns als Fremde zu enttarnen, ist keine Kunst und Gäste sind es, über die sich Nikolay und Oliver, wie sie sich gleich vorgestellt haben, freuen. Letzterer ist selbst nur zeitweise hier. Geboren in London, wohnt er in den Niederlanden und ist dankbar, privat und beruflich als Angestellter einer Internationalen Organisation viel herumzukommen. Was genau er macht, finden wir nicht heraus, da er sich mit seinen Äußerungen sehr bedeckt hält. Der Bulgare ist sein Gastgeber, der via „Airbnb", einen Marktplatz im Internet für die Buchung und Vermietung von Unterkünften, gefunden werden kann. Außerdem arbeitet er in dem Atomkraftwerk, das wir passiert haben. Das Fotoverbot bestehe zur Verhinderung von Aufnahmen für Spionagezwecke, mit dem möglichen Ziel, einen Anschlag zu verüben. Der Allrounder Nikolay ist zudem als Übersetzer und Geldwechsler tätig. Äußerst aufgeweckt, beinahe schon quirlig, eine Eigenschaft, die nicht so ganz zum starken Körperbau passen will, erklärt er uns, dass das Ende der kommunistischen Ära ihn zum Gewinner gemacht habe.

Kochen am Zelt – Wildcamping in Bulgarien

Wir überschlagen die Menge der Landeswährung in unseren Portemonnaies und stellen fest, dass es knapp werden könnte. So bitten wir unseren neuen Bekannten ums Einwechseln von ein paar Euro.
„Kein Problem, bin gleich wieder da", erklärt er und wir plaudern derweil mit Oliver weiter.
Der Wechselkurs passt, so freuen wir uns, dass wir beim Essen und Trinken nicht geizen müssen und probieren diverse landestypische Köstlichkeiten, wozu auch regionales Bier gehört.
Abschließend weckt Nikolay unsere Hoffnung, bald wieder zelten zu können, als er uns erklärt, dass das mit dem wilden Camping in seinem Land durchaus okay sei.

Mit weit aufgerissenen Augen starrt Cornelia an die Zeltwand über sich. Ihre Ohren sind auf höchste Empfangsstufe gestellt, prüfend lauscht sie, ob Geraschel und Geheule näherkommen. Das Rudel Schakale, was sie da ganz unverkennbar vernimmt, schickt seine jammernden Klagelieder nun schon recht lange in die bulgarische Nacht …

Doch spulen wir zunächst ein Stückchen zurück: Der Tag ist geprägt von heftigen Bergaufabschnitten, tiefen Schlaglöchern, Ruinen und Pferdewagen, deren Besitzer uns meist fröhlich grüßend passieren. Bei Pausen in Dörfern, deren Läden nicht selten von außen verschlossen wirken, jedoch durchaus geöffnet haben, werden wir stets neugierig gemustert, zwei Kinder starren die Räder und uns sogar so eindringlich an, dass man meinen könnte, sie würden uns Löcher in die T-Shirts gucken. Eine alte kleine Frau führt mit mir

Hand- und Fußgespräch

ein lebendiges Hand-und-Fuß-Gespräch. Anhand des kontraststarken Bräunungsrandes an meinen Oberschenkeln versuche ich – wie so oft – die Länge der Reise zu verdeutlichen. Mit meinem Zeigefinger auf dem „magic letter“ zeige ich zudem auf die landessprachliche Entsprechung von „Willkommen in Bulgarien“ und signalisiere der Frau, dass ich sie gern filmen möchte. Mir gefällt die kleine Frau und ich kann mir gut vorstellen, sie in meiner Reisedoku zu zeigen. Sie ist einverstanden und positioniert sich vor meiner Linse. Ich freue mich sehr auf die bulgarische Begrüßung und zähle gestenreich von eins aufwärts. Bei „Drei“ angelangt, die ich mit den Fingern zeige und stimmlich betone, als wäre sie der Startschuss zu einem sportlichen Großereignis, muss ich leider bemerken, dass ich kommunikativ auf ganzer Linie gescheitert bin. Nachdem nämlich dieses letzte Wort meine Lippen verlassen hat, zählt meine Gesprächspartnerin nur fröhlich weiter und ruft laut und deutlich: „Vier!“. Meine Kamera senkt sich ab, ich stammele ein „Äh“, woraufhin Cornelia sogleich zur Tat schreitet, neben unsere Protagonistin tritt und den Finger auf die gewünschten Vokabeln unseres „magic letter“ legt. Die Frau nickt nun wissend und spricht dann im nächsten Anlauf passend in die Kamera. Notiz an mich: Einfach klarer kommunizieren!

Cornelia ist schon seit Jahren die Frontfrau in unserer Gruppe, weil wir sie zur Tempogeberin ernannt haben – beim Wandern, ebenso beim Radeln. Zudem mag ich es, mich treiben zu lassen. Es ist manchmal leichter, wenn man jemandem, der die Strecke im Blick hat, folgen darf. Nur ein winziges Stück fahre ich ausnahmsweise mal vor Cornelia, es geht besonders steil bergauf und ich habe etwas mehr Energie als meine Freundin, die mich vorschickt, um lieber ungestört vor sich hin schnaufen zu können. Zwei ältere Herrschaften jubeln mir zu, nehmen anerkennend wahr, wie ich im ersten Gang den Hang nehme. Als ich kurz darauf vernehme, wie sie, als Cornelia in ihr Blickfeld getreten sein muss, „dawai, dawai, los, los!“ rufen, war es das mit meiner Karriere als Anführerin.

„Das war das letzte Mal, dass ich dich vorgelassen habe“, erklärt mir meine Freundin mit knallrotem Kopf auf der nächsten Bergkuppe beleidigt. Ich kann mir ein Grinsen nicht verkneifen, akzeptiere ihren Entschluss aber artig. Selbst für die meisten Hunde sind wir angesichts des Höhenprofils wohl zu langsam, die sich müde drehenden Räder wecken glücklicherweise nur noch selten das Interesse der streunenden Tiere. Das Pfefferspray darf auch weiterhin ungenutzt in der Lenkertasche lagern, einzig den Stock schwingt Cornelia – mehr präventiv als verteidigend – ab und zu durch die Lüfte.

Nun aber zurück zur Nacht, in der Cornelia angstvoll an die Zeltdecke starrt. Vermutlich überlegt sie, inwiefern ihr der Holzstock, den sie tagsüber als Hundewarnung nutzte, auch jetzt hilfreich sein könnte. Flach atmend liegt sie auf ihrer Isomatte und analysiert weiter die Geräusche der Natur und damit auch die Töne der Schakale. Eigentlich hatten wir ein echt gutes Bauchgefühl, nachdem wir unser Lager am Rande eines Feldes, außer Sichtweite der Straße, über die wir gekommen sind, aufgeschlagen haben. Einzig ein seltsames Schnaufen hatte uns kurz aus dem Konzept gebracht. Weil wir längst wissen, dass Ängste mit zunehmender Dunkelheit wachsen, sind wir dem gleich noch im Hellen nachgegangen, liefen ein Stück übers Feld bis auf eine

Wildcamping in Bulgarien

flache Erhebung, von der aus wir alles überblicken konnten. Es war nichts Verdächtiges auszumachen, sodass wir unseren ersten Wildcampingplatz in Bulgarien gutheißen konnten. Wäre Cornelia nicht, würde ich wahrscheinlich noch immer schwärmen, wie beschaulich und perfekt alles in dieser sonnengelben Weite, die zum Durchatmen am Ende eines Radlertag einlud, war.

Die Augenringe meiner Freundin jedenfalls gewinnen in dieser Nacht an Kontur. Arme Cornelia! Es muss in etwa so gewesen sein: Während die wolfsähnlichen Wildhunde aus vollen Kehlen heulen, spielen Cornelias Gedanken Pingpong: „Sie sind weit weg! Sind sie? Es handelt sich um Wildtiere, die mehr Angst vor uns haben als umgekehrt! Haben sie? Die Straße ist zu nah, als dass sie sich heranwagen würden! Sahen wir nicht einmal einen toten Schakal beim Radeln …?“ Es raschelt im Gebüsch neben uns, Cornelias Blick huscht zu mir: „Ich bin nicht allein“, versucht sie es weiter.

Da ich zum Schutz vor der Helligkeit über meinen Augen den Buff, einen leichten Schlauchschal, trage und in den Ohren die Stöpsel stecken, bin ich von der Außenwelt abgeschottet. Ich atme zufrieden brummend ein und aus. Hilfe ist von mir wohl kaum zu erwarten und ich kann die Ängste meiner Freundin verstehen.

„Ich bin allein … irgendwie“, schmettert diese den letzten Pingpongball ins Aus und dreht sich wieder auf ihre Einschlafseite, wo sie nach einer Ewigkeit zurück ins Reich der Träume findet.

„Guten Morgen!“, tröte ich fröhlich zur Nachbar-Isomatte hinüber und ernte nur ein ablehnendes Grummeln. Komisch, was hat sie denn?

Ein Kontrastprogramm aus Frohsinn und Trostlosigkeit begleitet uns auf unserem Weg nach Ruse, einst thrakische Siedlung aus dem 5. Jahrhundert vor Christus. Mal geht es durch Dörfer, die selbst bei bestem Sonnenschein so grau sind, dass ich gar nicht wissen will, wie es hier an Regentagen oder im Winter aussehen muss. Dann wieder lädt ein herrlich schattiger Picknickplatz mit weitem Blick in ein Tal zur langen Rast ein, bei der es Eierkuchen, ein Geschenk aus einem Hotel in Svishtov, gibt. In dieser Stadt am rechten Ufer der Donau, rund 240 Kilometer nordöstlich der Hauptstadt Sofia, sind wir herzlich willkommen geheißen worden.

Helle asphaltierte Straßen schieben sich durch eine sanfte Hügellandschaft und lassen das Fahrradfahren zu einer Leichtigkeit werden, bis sie sich wieder in fiese Steigungen verwandeln und aus uns bei etwa 35 Grad Celsius schweißnasse Reisende machen, die sich am liebsten die Helme von den Köpfen reißen würden. Wir passieren ein Krankenhaus, einen verfallenen Flachbau mit bröckelndem Putz und unebener Rampe. Dort quält sich ein

Ruhetag in Ruse

Rollstuhlfahrer hinauf. Meine Gedanken verweilen kilometerweit bei denjenigen, die schwach oder gebrechlich sind. Ebenso wenig bekomme ich das Bild des angetrunkenen Bettlers, der uns in einem Dorf begegnet und zum Zwecke des Gelderwerbs unentwegt meinen Arm abküsst, aus meinem Kopf.

Im 19. Jahrhundert wuchs die Bedeutung Ruses als Handelshafen und der große Einfluss westeuropäischer Kultur während der Zeit des intensiven Aufbaus bestimmt noch heute den Charakter als kosmopolitische Stadt.

Überwiegend österreichische sowie deutsche Architekten waren im 19. und 20. Jahrhundert für die Bauten im Stil des Neobarock und Neorokoko verantwortlich, was der Stadt den Beinamen „Kleines Wien“ eingebracht hat. Das Zentrum lädt mit Parkanlagen, Alleen sowie Fußgängerzonen zum Spazieren ein.

Zunächst genießen wir ein Essen im Außenbereich des Restaurants von dem Hotel, das wir uns für den Ruhetag auserkoren haben. Bei leckerem Salat und knusprigem Knoblauchbrot ist unsere Glücksbilanz eine, die wir keinesfalls zum ersten Mal ziehen: Wir sind dankbar dafür, Essen sowie Unterkunft zu haben, und wissen um unsere Gunst, diese Reise überhaupt machen zu können. Mein Blick hängt an einem Mann mit einer Behinderung, der versucht Rosen zu verkaufen. Wir erwerben eine, die wir später für das Zimmermädchen stehen lassen. Es sind nur kleine Gesten, entstanden aus unserem Wunsch, zu geben.

Der Ruhetag wird zu einer aufregenden Mischung aus Innenstadterkundung, Besorgungen und Gesprächen mit Einheimischen. In der Heiligen Dreifaltigkeitskirche schenkt uns eine Mitarbeiterin zwei Kerzen, die wir für unsere Familien anzünden. Es geht allen daheim gut, wie wir aus Handynachrichten wissen. Dafür, dass das so bleibt, sollen diese brennenden Lichter sorgen. Das Wohlergehen meiner Liebsten ist nicht nur wichtig für mich, sondern auch Basis dieser Reise. Würde es jemandem aus meiner Familie schlecht gehen, könnte ich unmöglich so weit von zu Hause entfernt fröhlich Fahrrad fahren. So ist mir jede SMS, in der steht „Alles okay bei uns“, pures Gold wert.

Kerzen anzünden für die Lieben in der Heimat

Die Kirche gibt es schon seit 1632, sie ist im russischen Stil errichtet und das älteste erhaltene Gebäude der ottomanischen Epoche in Ruse. Hier werden wir auch Zeuginnen einer Hochzeit, bei der ich auf einer schattigen Bank mit einem Cousin des Bräutigams ins Gespräch komme. Der kernige Mann wirkt fröhlich.

„Glück?“, denkt er laut auf Englisch nach und erklärt mir dann, dass er sich noch nie gefragt hat, was ihn glücklich macht. Ist es ein Zeichen für bereits existierendes Glück, wenn jemand noch nie darüber nachgedacht hat, oder bedeutet es eher das Gegenteil? Nach einigen Minuten des Überlegens erfahre

ich, dass dieser Tag für ihn ein glücklicher ist und er sich ganz grundsätzlich gut fühlt, wenn seine Familie und das Umfeld gesund sind. Ich finde es spannend, ausgerechnet auf einer Hochzeit auf jemanden zu treffen, dem die Antwort schwerfällt. Wie kann man das Glück auf einer solchen Feier denn übersehen? Oder hat seine Zögerlichkeit beim Beantworten meiner Frage gar nichts mit seinen Empfindungen zu tun? Vielleicht ist er einfach nicht der Typ, der sich auf solche Fragen gut einlassen kann. Manchem meiner Gesprächspartner scheint Glück ein sehr nahes und vertrautes Thema zu sein, während andere sich vielleicht sogar fragen, wie ich überhaupt darauf käme, sie würden glücklich wirken. Allein schon die Tatsache, dass ich diesbezüglich äußerst neugierig bin, verrät vermutlich so einiges über meine Herkunft, nicht geografisch oder materiell, sondern auf mein soziales Umfeld bezogen. Hier fühle ich das Glück nicht nur, sondern tausche mich auch darüber aus, warum ich so empfinde, und will wissen, wie es anderen geht.
Ich lasse meinen Blick über die Feiergemeinde schweifen. Braut und Bräutigam sind mit ihren Gästen und Kameras, in die sie lächeln sollen, beschäftigt. Ob es ihnen wohl leichter fiele, zu benennen, was sie glücklich macht? Ich kann es in Anbetracht des feierlichen Ereignisses nur hoffen.
Lange irren wir heute auch durch Klamottengeschäfte, denn wir haben eine bahnbrechende Idee: Zum Schutz vor den angekündigten Hunden, die uns bald in Rumänien zähnefletschend erwarten sollen, möchten wir weite Schlabberhosen kaufen, damit die Beine nicht allzu nackt vor den Tierschnauzen entlang kurbeln. Mit den Gedanken noch bei der grässlichen Hundebiss-Geschichte unserer serbischen Gastgeberin begeben wir uns also in etliche Läden, bis wir in einer Wühlkiste zwei Kleidungsstücke finden, die gewichtsmäßig und preislich tragbar sind. Über die Optik lässt sich zugegebenermaßen streiten. Während Cornelias Hose farblich eine echte Herausforderung für die Netzhaut ist, liefert meine einen so sonderbaren Schnitt, dass wir später zu dem Schluss kommen, es handele sich um eine Umstandshose. Aufgrund der fehlenden „Umstände“ kann ich sie mir nämlich bis unters Dekolleté ziehen.

Auf den letzten Kilometern in Bulgarien, bevor es nun bald ins letzte Reiseland nach Rumänen geht, erleben wir einerseits schönste Idylle in Form eines Wildcampingplatzes auf einer Obstbaumwiese und anderseits einen so heftig und ewig andauernden Regen, dass wir meinen, die Welt gehe unter. Geradeso zu einer Tankstelle gerettet, können wir beobachten, wie sich der Asphalt vor unseren Augen in einen reißenden Bach verwandelt. Ewig hängen wir fest und trauen uns erst wieder hinaus, als es nur noch leicht regnet. Dennoch ist der

Weg auf der Landstraße, die uns zum rumänischen Grenzübergang in Silistra bringen soll, vor allem aufgrund der Pfützen und der Gischt, die beim Durchrauschen der Autos erzeugt wird, unangenehm zu fahren. Einmal überholt auf der Gegenspur ein Fahrzeug ein anderes, was wir mit erhobenen Händen quittieren. Davon und vom Motorenlärm einmal abgesehen, ist die Fahrt dennoch erträglich und die Überholungen sind alles in allem respektvoll.
Dieses Mal ist es also echtes Grau, was uns auf den letzten Metern hier begleitet – im Gegensatz zur empfundenen Tristesse nach der Einreise. Bulgarien: Kein unbekanntes Ferienziel, aber fernab von urbanem Getümmel und Kulturhauptstadtflair, wie in der zweitgrößten Stadt Plovdiv zu finden, und weit weg vom Goldstrand zeigt das Land ein Gesicht, was uns mit ambivalenten Gefühlen zurücklässt …

Zurückgeschaut … Glücksmomente in Bulgarien

Hin und hergerissen bin ich, wenn ich mich an die Zeit in diesem Land zurückerinnere. Vor allem anfänglich fühlte sich das Reisen mehr düster als bunt an, obwohl es – von baulichem Verfall einmal abgesehen – dafür gar keinen Grund gab. Wir sind freundlich behandelt, ja sogar weiterhin überschwänglich begrüßt worden. Die Hunde haben uns nicht aufgefressen, ebenso wenig die dicken Spinnen, die sich am Straßenrand einen „Palast" gebaut haben. So zeigt mir der Streckenabschnitt durch Bulgarien wohl, dass es manchmal fürs Herz beschwerlich sein kann, ohne dass ich so richtig sagen könnte, woran das lag. Ich verstehe nicht, weshalb ich Leichtigkeit so viel weniger deutlich als in Serbien spüren durfte. Zugegeben, die Erlebnisse mit Einheimischen waren im Vorgängerland schon intensiver, aber mit Nikolay und Oliver war es doch auch schön. An die Begegnung mit der pausbäckigen Obsthändlerin denke ich ebenfalls gern zurück. Ja, die Obsthändlerin: Aus ihrem Mund stammte die Aussage, die Arbeit mache sie glücklich. Ich denke, es gibt viele Menschen – und das überall auf dem Globus – die eine bezahlte Tätigkeit als glückstiftend benennen, ganz einfach, weil sie einen Job besitzen, unabhängig der Identifikation mit seinen Inhalten. Bei der freundlichen Händlerin hatte ich allerdings das Gefühl, sie liebe ihr tägliches Tun wirklich. Ist genau das der Grund, weshalb ihr Lächeln die Kraft hatte, uns in eine positivere Stimmung zu versetzen, nachdem wir so große Startschwierigkeiten hatten?

RUMÄNIEN – Von Silistra über Tulcea nach Constanța … rund 500 Kilometer

Baumlose Weiten sowie Hügellandschaften sollen das Bild der Donauregion hier überwiegend beeinflussen, auch zahlreiche Pferdefuhrwerke und grasende Rinder- sowie Schafherden dürfen wir erwarten. Der Weg über Landstraßen sei überwiegend ruhig und gut zu fahren. Ja und die Hunde?

Wir geben zu, dass unsere Nervosität wächst, auch wenn wir aus Erfahrung vorheriger Reisen wissen, dass Warnungen und Realität gern einmal auseinanderklaffen. Dennoch ist mit Bisswunden nicht zu scherzen, finden wir, als wir die Grenze erreichen.

Hier am Grenzübergang in Silistra schieben wir selbstbewusst an der langen Autoschlange, die da in den Pfützen wartet, vorbei. Besonders dicke und außergewöhnlich dünne Typen lehnen lässig an den Türen ihrer Brummis und mustern uns neugierig. Einige winken uns weiter, sodass wir uns jetzt nahezu offiziell vordrängeln.

Land Nummer 10 – finale Grenze

Während der Aus- und Einreise, die schnell erledigt ist, gilt unsere Aufmerksamkeit den streunenden Vierbeinern, deren Revier dieser Grenzposten zu sein scheint. Das gibt es doch nicht! Hier schon tummeln sich die Hunde?! Sollen die Mahnungen wirklich zutreffen? Ist es jetzt schon Zeit, in die modischen neuen Stoffhosen zu schlüpfen?

Unter Beachtung der friedlich schnüffelnden Tiere steigen wir auf die Räder, treten einmal kräftig in die Pedale und in diesem Moment geht es auch schon los – blitzartig, so als wäre den Vierbeinern die Sicherung durchgebrannt, schlagen sie laut an. Dabei rasen sie aufgebracht auf uns zu und verfolgen uns wild bellend. Angesichts des ersten harmlosen Eindrucks rechneten wir keinesfalls damit, dass sie nun Jagd auf uns machen würden. Offensichtlich haben die Tiere etwas gegen Radfahrerinnen, denn als Fußgängerinnen waren wir ihnen ja egal. Anders ist es einfach nicht zu erklären, dass ihr Aktivitätslevel von null auf hundert geschnellt ist, als sie sich mit der Drehbewegung unseres fahrbaren Untersatzes konfrontiert sahen. Mit rasendem Puls schnellen wir also in dieses neue Reiseland, zehntes und letztes der Tour. Das geht ja gut los! In unseren Köpfen überschlagen sich die Optionen, die uns bleiben: Pfefferspray noch griffbereiter packen, öfter mit Cornelias Stock wedeln, in die neuen Hosen schlüpfen, richtig Gas geben oder absteigen, im Hinblick auf die aktuellen Erfahrungen erscheint Letzteres gar nicht so dumm …

Glücklicherweise wird es dann schnell ruhiger, denn die ersten Kilometer sind ein wahrer Genuss. Wenn auch etwas bergauf, so ist die verkehrsarme Straße wunderbar zu fahren und der Blick auf Weinberge und Donau versetzen uns in beste Ausflugsstimmung.

Als wir dann wenig später im ersten Ort, Ostrov, ankommen, fühlt es sich an, als durchführen wir eine unsichtbare Wand, hinter der plötzlich alles ganz unbeschwert ist. Es erscheint uns, als würde das Bild zwischen Bulgarien und Rumänien von Schwarz-Weiß zu Bunt wechseln. Kinder und alte Herren begrüßen uns überschwänglich und in jedem Sträßchen spaziert jemand lang. Es kommt uns vor, als herrschten hier deutlich mehr Lebendigkeit und Frohsinn.

Um die 500 Kilometer werden wir in diesem Land zurücklegen, planen dafür allerdings eine Woche ein, da ein nächster Ruhetag anlässlich meines Geburtstages in wenigen Tagen lockt. Um von hier, kurz hinter der Grenze, zum Donaudelta zu gelangen, braucht es etwas mehr als 300 Kilometer, und der Weg von der verzweigten Mündung bis zu unserem Ziel Constanța am Schwarzen Meer fällt mit etwa 150 Kilometern beinahe schon wie ein Sonntagsspaziergang aus.

Ein herzliches Willkommen erleben wir mit Tim und Marian, unseren ersten Gastgebern. Um die Bequemlichkeit eines gemachten Nestes genießen zu können, haben wir am Vortag ausnahmsweise einmal per Internet eine Unterkunft vorgebucht. Das war eine gute Entscheidung, denn unser Anlaufpunkt in Ostrov ist nicht nur äußerst gepflegt, sondern bietet auch einen Pool sowie eine Waschmaschine, die wir dankbar nutzen. Außerdem erleben wir hier auch kulinarisch einen herrlichen Einstieg. Tim, vielleicht etwas älter als wir, ist der Schulfreund von Marian, der neben seiner Arbeit als Priester diese Unterkunft vor etwa einem Jahr aus dem Boden gestampft und mit Liebe aufgebaut hat. Die Männer stapeln gegrillten Fisch aus der Donau auf unseren Tellern, servieren eine Art Schafskäse, Brot und starken, selbst gemachten Wein vom Nachbargrundstück. Eine Schale voll mit Nüssen und kaltes Bier komplettieren das großzügige Mahl. Wir sind eingeladen! Tim, der selbst nur zu Besuch ist, da er seit Jahren in London lebt und arbeitet, hat sich als Übersetzer gemeldet, weil der Betreiber fürchtete, sein Englisch reiche nicht aus, als er sah, dass die Buchung zweier deutscher Frauen eingetroffen war. Die Männer sorgen dafür, dass wir reichlich vom Essen nehmen und schenken immer wieder nach.

Tim schwärmt von der hiesigen Natur, einer reichen Vogellandschaft, zu der auch Pelikane gehören, und der Möglichkeit, hier bestens wakeboarden zu können. Sowohl für Naturfreunde als auch Funsportler sei alles vorhanden, deutet er auf die Donau in unseren Rücken. Inwiefern sich diese beiden Interessen vereinen lassen, wird sich vielleicht in den nächsten Jahren zeigen. Auch der Verlauf des EuroVelo sei eine touristische Bereicherung, ansonsten habe die Region hier hart zu kämpfen. Sie gehört zu den ärmsten des Landes und kann nicht mit den Tourismusangeboten in den Karpaten, am Meer oder in Hauptstadt mithalten, bedauert Tim.

„Wozu Campingplätze?“, will er wissen, als wir ihn fragen, wie die Infrastruktur diesbezüglich sei. „Schlagt euer Zelt doch einfach auf, wo es euch passt, da dürfte niemand etwas dagegen haben“, erklärt er und fügt an, „mit Bären müsst ihr in dieser Region nicht rechnen.“

Nach einem informativen und lustigen Abend, am dem der starke Wein auch irgendwann Marians scheue Zunge etwas gelockert hat, fallen wir glücklich ins Bett.

„Gesundheit!“, schießt es wie aus der Pistole, als ich mit Tim am nächsten Morgen übers Glück plaudere.

„Bis auf eine Beziehung habe ich alles, was ich zum Glücklichsein brauche. Seit der Scheidung gab es leider keine längere Verbindung zu einer Frau mehr." Sein Sohn, den er alle paar Monate hier in Rumänien besucht, Freunde und die Arbeit sind ihm so große Glückstifter, dass er alles in allem von einem erfüllten Leben spricht. Auf meinem Foto präsentiert er sich zusammen mit Kindheitsfreund Marian am Rand des Pools. Die Gesichter der dunkelhaarigen Männer sind noch etwas zerknautscht von der kurzen Nacht, das Lächeln ist dadurch jedoch nicht weniger echt. „Freundschaft macht uns glücklich!"

„Das mit dem Glück ist hier so eine Sache", erklärt mir ein schlanker Mann mit einem vorsichtigen Lächeln vor einem Lebensmittelgeschäft. Ich schätze ihn auf Anfang vierzig, einige Falten umspielen seine goldbraunen Augen. Wir pausieren ausgiebig und werden immer wieder neugierig gemustert, angesprochen und begeistert gelobt. Hin und wieder – so wie jetzt – antworte ich auf die Frage, warum wir hier sind, zunächst mit: „Ich befinde mich auf Glückssuche", weil ich neugierig bin, wie die Reaktion ausfällt. Auf diese

Freundschaft auf Rumänisch

Weise entspann sich auch das Gespräch mit dem Rumänen, der gleich besonders aufgeschlossen wirkte.
„Weißt du", sagt er im einfachen Englisch, „wir haben viel zu wenig Geld, der Mangel ist ein ständiges Problem."
Ich nicke verständnisvoll. Er merkt, dass ich darauf warte, ob noch etwas kommt.
„Ich habe eine Familie, zwei Söhne, sie sind sieben Jahre alt", deutet er auf sein Smartphone, wo er Bilder für mich geöffnet hat. Die Jungs sind darauf unter anderem spielend mit ein paar Schafen zu sehen. „Es sind ihre Freunde", scherzt er und wird dann ernster, „meine Kinder sind mein Leben."
Der Austausch mit dem Familienvater erweckt den Eindruck, dass das Glücksempfinden auch an materiellen Besitz geknüpft ist. Eine Basis an Wohlstand ist wohl nötig, um dem Glück den nötigen Raum zu geben. Seine Grundbedürfnisse kann mein Gesprächspartner sich und seiner Familie erfüllen, vielleicht noch etwas mehr. Dennoch war die Sorge ums fehlende Geld das erste, wovon er mir erzählte, dann erst ging es um die Familie. Dass diese ihm Quelle des Glücks ist, glaube ich ihm und ich möchte in der Reihenfolge seiner Antwort auch gar keine Wertung sehen. Das Leuchten in seinen Augen, als er mir die Kinderfotos zeigte, ist mir Antwort genug.

Wir radeln auf guten Straßen mit wenig Verkehr und freuen uns über die Umgebung, die ihr Aussehen immer mal ändert. Es sind Fahrten durch Gras- und Hügellandschaften, vorbei an Sonnenblumenfeldern, Weingärten

Rumänische Landstraße

und Sumpfgebieten. Wie hingekleckst ruht hier das stumme Nass zwischen den Gräsern, dahinter ein paar nackte Hügel. Von Weitem wirken die Vögel, deren dünne Beine durch das Wasser staksen, wie Punkte, die jemand mit einem Bleistift aufs Papier gedrückt hat.

Besonders reizvoll ist ausgerechnet ein längerer Baustellenabschnitt. Über Kilometer wurde der feste Straßenbelag bereits entfernt, sodass der rötlich braune Untergrund zusammen mit gelben Feldern, einem grünen Baum, den der Wind verbogen hat, dünnen Strommasten und teils kahlen Bergrücken, die aus der Ferne zu uns schauen, ein farbintensives Gemälde bildet.

Baustelle in Rumänien

Das Wörtchen „bergauf" landet mit zuverlässiger Regelmäßigkeit in meinem wasserfesten Notizbuch, genauso wie der Stichpunkt, dass wir immer und immer wieder gegrüßt werden. Viele winken uns zu, rufen, und ein entgegenkommender Autofahrer zieht sogar einmal seinen Hut. Ja, die Menschen sind so offen, dass ich häufig in meinem Element sein kann: Ich mag es, mit Einheimischen zu reden, gern sogar per Körpersprache und mit ein paar Wortfetzen, nur bestehend aus Orts- und Ländernamen. Wie oft schon habe ich ganze Touren gestikuliert!

Auf einer Dorfstraße mit unbefestigtem Randbereich und vom letzten Regenguss noch verschlammt begegnet uns eine alte Frau, die sich äußerst interessiert zeigt, als sie Räder und Gepäck sieht. Gestenreich mache ich ihr klar, wer wir sind, woher wir kommen und wie das Ziel der Reise lautet. Wir haben keinerlei gemeinsame Sprachbasis und hangeln uns dennoch recht lange durch etwas, was ich durchaus als ein Gespräch bezeichnen würde. Sie redet in ihrer Sprache, ich in meiner – beide nutzen wir dabei unseren Körper. Es ist schon erstaunlich, wie das funktioniert. Ich glaube, Kreativität ist eine der wichtigsten Fähigkeiten zum Überleben, denn mit Einfallsreichtum lässt sich auch Kommunikation gestalten, natürlich sofern das Gegenüber mitspielt.

Der alten Dame folgt ein neugieriges dünnes Mädchen, dem ich Glitzersticker schenke, wofür sie sich mit „high five" bedankt, nicht ohne vorher unsere Räder mit den Taschen gemustert zu haben. Andere Radreisende haben wir

schon ewig nicht mehr getroffen und wir sind vermutlich nicht nur gern gesehene Gäste, sondern auch seltene.
Immer wieder passieren wir Pferdewagen, wovon viele ein kleines Nummernschild besitzen. Oft gelingt es uns mehr Power als zwei PS aufzubringen, sodass wir schneller als die Huftiere mit ihrer schweren Fracht sind. Mitleid haben wir mit teils an kurzen Stricken angebundenen Pferden und traurigen Straßenhunden. Ihr Interesse beschränkt sich übrigens meist auf ein Stück Wurst aus unserem Proviantbeutel. Nur ein einziges Mal werden wir gejagt, bedauerlicherweise beim Bergauffahren mit einer „nennenswerten" Fluchtgeschwindigkeit von fünf Kilometern pro Stunde. Es geht aber auch hier ohne Pfefferspray, selbst die neuen Hosen nutzen wir kein einziges Mal. Wenn es so weiter geht, werden sie wohl als ungetragenes Souvenir im Aufgabegepäck enden und daheim als Arbeitshosen für eventuelle Umzüge von Freunden oder Familie herhalten müssen. Hoffentlich wechselt demnächst bloß niemand den Wohnort!

Pause an einer Haltestelle

Eine besonders spannende Pause erleben wir in einer Gemeinde namens Topalu, wo wir beim Einkaufen in einem Laden, in dem es mehr als nur die nötigsten Lebensmittel gibt, mit der Verkäuferin ins Gespräch kommen. Dass ihr der Laden gehört, erfahre ich erst, als ich ein zweites Mal durch die Gänge spaziere, weil wir noch Lust auf ein Eis verspüren. Die blonde 41-Jährige, die deutlich jünger aussieht mit ihrer glatten Haut, den hohen Wangenknochen und sorgsam angemalten vollen Lippen, erzählt, dass sie den Shop bereits seit 20 Jahren führt. Neben ihrem Dasein als Unternehmerin ist sie Mama, hat eine siebenjährige Tochter und einen zehnjährigen Sohn. Zusammen mit ihnen sowie ihrem Mann reist sie gern nach Teneriffa und Griechenland, nur in den Karpaten ihres Heimatlandes sei es unangefochten am allerschönsten auf dieser Welt, vor allem zum Wandern.

Glückliche Powerfrau

„Ihr müsst dort einmal hinreisen, unsere Berge sind ein Traum, aber lieber ohne Fahrrad“, schielt sie nach draußen. „Ich bin ein äußerst glücklicher Mensch, wozu am stärksten meine Familie beiträgt“, verrät sie mir und zeigt noch ein Foto ihrer Zwillingsschwester, die in Constanța lebt. Mit ihr halte sie regelmäßigen Telefonkontakt, wenn auch nicht täglich.

Während wir noch weiter vor ihrem Laden pausieren, bleibt meine Aufmerksamkeit an einer beleibten Kutscherin hängen, die ebenfalls zum Einkaufen will. In meinem Gepäck befindet sich noch ein letzter Gruß aus meiner Heimat. Das achte und neunte Magdeburg-Shirt habe ich in Serbien und Bulgarien gegen eine Honigmelone sowie Fahrradhandschuhe eingetauscht. Mein Tauschfinale möchte ich nun so gestalten, dass es mir in besonderer Erinnerung bleibt. Ich glaube, die Frau mit dem freundlichen rundlichen Gesicht könnte mir diesen Wunsch erfüllen.

Sie liest sich meinen Zauberbrief, auf dem auch einige Worte zu meinem Tauschprojekt in ihrer Sprache festgehalten sind, sorgsam durch. Zusätzlich hilft unsere wortgewandte Powerfrau, die Supermarktbesitzerin, aus. Ich beobachte die Kutscherin, die interessiert nickt, und freue mich, dass sie offensichtlich bereit ist, beim Tauschhandel „T-Shirt gegen Kutschfahrt“ mitzumachen.

„Aber sie kann dich nur bis zu sich nach Hause mitnehmen, zurücklaufen musst du selbst. Sie hat Essen auf dem Herd“, vermittelt mir unsere Übersetzerin.

„Wie weit ist es denn?“, erkundige ich mich vorsichtshalber.

„Zehn Minuten.“

Nicoleta, so heißt die kleine runde Frau mit dem dunklen, kurzen Haar unter einem weißen Sommerhut, geht mit mir zu ihrem Pferdewagen. Dort lächelt sie mich durch ihre Metallbrille an und gibt mir zu verstehen, dass ich das edle dunkelbraune Tier mit schwarzer Mähne nun erst einmal streicheln soll. Das mache ich artig und versuche die Tatsache, dass ich auf Pferde allergisch bin, zu verdrängen. Dann krabbele ich auf eine Wolldecke, die auf dem Kutschbock für Bequemlichkeit sorgen soll. Und bevor ich überhaupt „Pferd“ sagen könnte, geht es auch schon los. Mit einem Ruck, der meinen Oberkörper kurz nach hinten reißt, und einem Windstoß, welcher meine Ponyhaare senkrecht aufstellt, fahren wir an. Ich denke, wir geben ein sehr komisches Bild ab: Die putzige Kutscherin mit ihrem Blümchentop und der Schatten spenden Kopfbedeckung und daneben ich, figürlich mittlerweile doch recht drahtig sowie trainiert, in einer gepolsterten, hautengen Radlerhose und einem Funktionsshirt.

Nicoleta wird einmal etwas langsamer, um sich an einer winzigen Kapelle zu bekreuzigen. Angesichts der Tatsache, dass sie hier, da es die Verbindungsstraße zu ihrem Haus ist, bestimmt des Öfteren lang kommt, frage ich mich, ob sie das jedes Mal macht.

Mit zunehmender Dauer steigt leider auch der Juckreiz in meinen „Nüstern“ und ich bin ganz froh, als wir endlich abbiegen und nur noch ein kurzes Stück auf einem Weg zurücklegen, der uns zu ihrem Haus führt. Dort angekommen nimmt mir mein Körper jegliche Chance auf weitere Minuten des Hand- und Fuß-Gesprächs mit ihr, weil ich einfach nicht möchte, dass sie von meiner Allergie erfährt. Womöglich würde sie sich dann sorgen. So kämpfe ich hart gegen den Niesreiz und beschleunige den Abschied. Etwas hastig dankend

Was für ein Tauschfinale!

stürze ich vom Grundstück, blicke noch einmal lächelnd zu Nicoleta, die mir mit ihrem neuen T-Shirt winkt. Dann sehe ich zu, dass ich außer Sichtweite gerate. Dies geschafft, schießt mir sogleich die Tränenflüssigkeit in die juckenden Augen. Mit fiepender Lunge jogge ich den Weg zurück, wo Cornelia vor dem Lebensmittelladen wartet.

Auch wenn es aufgrund der Nebenwirkungen schwer zu glauben scheint, wird dieses kurze Erlebnis zu einem weiteren Glücksmoment. Die Kraft des majestätischen Tieres, das in der Lage ist, ein solches Gewicht wie den Wagen samt Menschen zu befördern und auch auf unebenem Untergrund seine Trittsicherheit behält, fasziniert mich. Außerdem darf ich wohl dankbar sein, den Ausflug überhaupt überlebt zu haben …

Da wir keine Wildcampingplätze finden, an denen wir uns wohlfühlen, landen wir öfter als geplant in Unterkünften, die wir entweder mit den Hinweisen Einheimischer oder entgegen unserer sonstigen Vorgehensweise per Internet finden. Wenn nicht gerade ein streunender Hund unterwegs ist, so spaziert ein Hirte mit seiner Herde durchs Land. Und wenn es keine Lebewesen sind, die plötzlich auftauchen, so mangelt es an einem geschützten Platz für die Morgentoilette. Ja, wir haben auf dieser Reise schon recht ungeschützt kampiert, wie in Ungarn an der Donau, wo es auch etliche Spaziergänger hin verschlagen hat, aber warum auch immer, hier beim Radeln in Rumänien sagt unser Bauchgefühl nie „Ja" zum wilden Zelten. Glücklicherweise ermöglicht uns das Schlafen in festen Behausungen aber ebenso Kontakt zu Einheimischen, und so landen wir in einer liebevollen Privatunterkunft einer Familie an den Ausläufern des Măcin-Gebirges. Eigentlich ist es eine Hügelkette, die mit ihren felsigen Bergrücken nur so wirkt, als handele es sich um Gebirge. Weil sich die Erhebungen jedoch direkt vom Meeresspiegelniveau emporrekken und ringsherum weite Ebene ist, verstärkt sich dieser Eindruck, mit ihm leider auch der Wind, der manchmal so heftig bläst, dass wir sogar bergab treten müssen.

Der Sohn unserer Gastgeber, bei denen wir uns in dieser Gegend einquartieren, ist in den Zwanzigern und lebt hier mit Vater und Mutter, freundlichen Leuten, die uns gleich einmal zu einer Kostprobe des hausgemachten Weins einladen. Für den Sohn ist es erstaunlich, dass wir hier freiwillig Fahrrad fahren, denn als zu rücksichtslos empfindet er seine motorisierten Landsleute. „Mich hat gerade kürzlich jemand abgedrängt", erzählt der aufgeweckte Rumäne und fügt dann noch die Horrorgeschichte eines Radlers an, der auf seinem Weg nach Ost-Asien von einem Lkw erfasst wurde und Tage später in einem Krankenhaus erwachte. Dorthin hat ihn der Unfallversucher höchstpersönlich gefahren. Ist ja nett, wenn man sein Opfer nicht einfach liegen lässt wie eine überfahrene Schildkröte, aber einen Schauer jagt solch eine Geschichte wohl jedem Radler über den Rücken. Wir sind ganz froh, dann noch zu hören, dass es irgendwo in Kasachstan passiert sei und nicht auf dem Weg ans Schwarze Meer. Alles in allem können wir über das Verhalten im Straßenverkehr nicht klagen und erstaunen unseren Gesprächspartner mit unseren positiven Worten.

Als wäre dieser Dialog eine ungewollte Prophezeiung gewesen, so finden wir uns am folgenden Tag zum ersten Mal auf einer Straße wieder, die uns echte Angst macht. Teilweise kommen wir steigungsbedingt nicht schneller als fünf Kilometer pro Stunde vorwärts und müssen so viele Kurven fahren, dass die Befürchtung, von Autofahrern nicht gesehen zu werden, uns permanent begleitet. Unangenehmen Höhepunkt erfährt das Ganze, als Frontfahrerin Cornelia aufgrund eines zu knapp einscherenden Lkw an den Straßenrand ausweichen muss. Kurz darauf bin ich es, in deren Trommelfell sich das schrille Quietschen eines vollbremsenden Pkw brennt. Ich spüre ihn schon fast an meinem Hinterrad und unternehme lieber einen freiwilligen Ausflug ins Grün, glücklicherweise ohne zu stürzen.

Meilenstein am Straßenrand

So fühlt es sich nicht nur dank der geschafften Leistung feierlich an, im Mündungsgebiet der Donau einzutreffen, sondern auch aufgrund der nervenraubenden Anreise. Diese unbeschadet bewältigt zu haben, erscheint uns wie eine kleine Wiedergeburt. Wir begießen das Eintreffen mit eiskaltem Bier in einem Restaurant an der Hafenpromenade von Tulcea, einem Ort, der mich in diesen ersten Stunden anzieht und zugleich abstößt. Ich glaube, es ist ein interessantes Fleckchen Erde, wovon wir am folgenden Tag, an dem ich ein Jahr älter werde, mehr sehen wollen.

Tulcea feiert etwas länger Geburtstag als ich, denn der Ort wurde bereits im 8. Jahrhundert vor Christus als griechische Siedlung gegründet. Lange schon ist Tulcea eine wichtige Hafenstadt und trägt den Beinamen „Tor zum

Donaudelta". Auch wenn nicht in das hübscheste Gewand gehüllt, was mit an den Werften sowie Fabriken liegt, die wir bereits beim Hineinradeln gesehen haben, so spielt der Tourismus eine große Rolle. Für die Erkundung des Donaudeltas, von der UNESCO zum Biosphärenreservat ernannt, ist die Stadt nämlich Ausgangspunkt.

Geburtstagsdrink

Die Donau, der ich so lange gefolgt bin, teilt sich in drei Arme auf, wovon die kürzeste Verbindung zum Schwarzen Meer der 70 Kilometer lange Sulina-Arm ist. Etwa 20 Prozent des insgesamt 4500 Quadratkilometer großen Deltas entsprechen festem Boden, die restlichen 80 Prozent bilden Wasser, Schilf und schwimmende Inseln. Mit mehr als 300 verschiedenen Vogelarten gehört das Delta zu einem der größten Vogelparadiese des Erdballs. Wie sie leben, was es über die reiche Pflanzenwelt und weitere Tiere zu erfahren gibt, schauen wir uns im Aquarium-Museum in Ruhe an. Hier befinden sich auch Nachbauten von den Lebensräumen der menschlichen Bewohner und ein interessantes Video inklusive Luftaufnahmen. Ein Ausflug per Boot, wie Veranstalter sie den vorbeilaufenden Touristen anpreisen, ist offensichtlich eine gern genutzte Möglichkeit, diese einzigartige Landschaft kennenzulernen. Aufgrund des regnerischen Wetters und der Dauer, die eine solche Tour benötigt, verzichten wir darauf. Hinzu kommt, dass wir glauben, die Perspektive vom Boot aus dürfte kaum umfänglicher sein, als das, was wir im Museum betrachten. Stattdessen lassen wir uns viel lieber treiben, ganz meinen Vorstellungen von einem schönen Geburtstag entsprechend.

Ich kann meinen Blick von den Plattenbauten mit ihren schmuddeligen Farben nicht losreißen. Wie Wächter türmen sie sich hinter der Hafenpromenade auf und bilden eine Kette, die undurchdringlich scheint. Wer wohnt hier? Wer schaut tagein tagaus auf all die Boote, die auf dem Wasser schaukelnden Begleiter, die ihre Passagiere an einen Ort bringen, an dem Leben so üppig gedeiht, dass es von der UNESCO geschützt wird? Die Verbindungsli-

Plattenbauten schauen auf den Hafen von Tulcea

nie zwischen menschengemachter Bau-„Kunst“ sowie Industrie und reinster Naturidylle scheint hier dünn zu sein. Vielleicht verstehen die Möwen, die über allem kreisen, wie sie funktioniert, diese Beziehung zwischen Mensch und Natur.

Ein blau gestrichener Zaun, vielleicht ein Versuch, diesem Ort mehr Schönheit einzuhauchen, spiegelt sich in den Pfützen auf dem rissigen Beton der Promenade. Endlos laufen wir auf und ab, pausieren in Eiscafés, Bars und Restaurants, immer dann, wenn ein neuer Schauer niederprasselt. Und im Dunkeln, als warmes Licht aus den Lokalen dringt, erscheint die Hafenstraße behaglich.

Die letzten rund 150 Kilometer, die wir auf zwei Tage aufteilen, geht es durch eine Hügellandschaft, immer in der Nähe der Schwarzmeerküste entlang, durch Dörfer, in denen alte Frauen am Straßenrand Obst und Gemüse verkaufen.

Als wir einen zahnlosen Trinker nach dem Weg fragen, küsst er uns die Unterarme euphorisch ab und wünscht uns gestenreich so viel Gutes, dass wir die wenigen Kilometer, auf denen wir erneut Angst vorm Überfahrenwerden haben, auch überstehen.

SCHWARZES MEER – Am Ziel …

In Constanțas Altstadt, vor allem in der sanierten Fußgängerzone, rund um den Ovidiu-Platz, kann der Gast schlemmen, aber auch in die weit zurückreichende Geschichte dieser Hafenstadt eintauchen. Ein Ort, dessen Anfänge

Am Ziel – Cornelia und ich am Schwarzen Meer

bis in das 6. Jahrhundert vor Christus zurückreichen, kann viel erzählen. Am Ende einer Reise, während der wir beinahe täglich weiterzogen, verspüren wir allerdings keine Lust auf Sehenswürdigkeiten, so wird der Sandstrand des Schwarzen Meeres zum Ort des Innehaltens und Zurückschauens. Für uns ist Constanța bedeutsam, weil wir hier das Ende unserer Reisegeschichte schreiben.

Mein finaler Kilometerstand

Ich friemele meinen Fahrradcomputer aus der Hosentasche: 4947 Kilometer zeigt er an, diese Distanz habe ich – inklusive Umwegen – per Fahrrad zurückgelegt. Cornelia ist bei Kilometer 2689 in die Route eingestiegen. Gedanklich setze ich eine Stecknadel an meinen Startpunkt an der französischen Atlantikküste, wo es vor 67 Tagen losging, dann ziehe ich einen

Strich quer durch Europa. Einen Endpunkt setzt mein Kopf schließlich hier am Schwarzen Meer. Diese imaginäre Linie zeigt ein eindrucksvolles Ergebnis, erfüllt mich allerdings gar nicht vordergründig mit Stolz, sondern vielmehr spüre ich pure Freude über die gemachten Bekanntschaften entlang des Weges. Die sportliche Leistung stand schließlich nicht im Vordergrund, sondern mein Hunger auf Erlebnisse und Neugier an Menschen trieben mich an. Letzteres war ja auch Motivation dafür, immer wieder über das zu plaudern, was jemanden glücklich macht.
Ich merke, dass die Frage nach dem Glück selbst Schlüssel zu meinem Glück geworden ist. Mitzubekommen, dass das, was die Menschen zwischen Atlantik und Schwarzmeerküste erfüllt, im Wesentlichen auch meinen Vorstellungen entspricht, schafft ein angenehmes Gefühl der Zugehörigkeit. Neben der Freude über die Antworten war das Thema aber auch Türöffner für Erlebnisse und zu den Lebenswelten Einheimischer, wie zum Beispiel in Ulm.
Ja, ich war schon glücklich, als ich an der französischen Atlantikküste losfuhr, habe gewusst, dass Gesundheit, eine liebende Familie, Freunde und eine erfüllende Arbeit für mich wichtig sind. Nun spüre ich nach all diesen Begegnungen vor allem eines: Dankbarkeit. Dankbarkeit für jedes Lächeln, jede freundliche Geste, aber auch dafür, gesund und mit intakter Ausrüstung tatsächlich meinen Zielort erreicht zu haben, zusammen mit Cornelia. Diese tiefe Dankbarkeit überhaupt in ihrer Intensität fühlen zu können, das macht uns beide glücklich.

Wir sitzen ein letztes Mal mit einem kalten Dosenbier schweigend am Wasser. Mich erinnert die zurückliegende Reise an das Schreiben eines Buches: Tag für Tag tippe ich die Buchstaben in meinen Laptop, komme Seite für Seite voran, bin munter bei der Sache, habe Spaß, genieße das Anwachsen um jeden Satz. Ja, und irgendwann steht dann das letzte Wort geschrieben und mit ihm kommt eine Ruhe, die von den Füßen, über Beine und Bauch, zum Herzen, bis in die Wangen warm nach oben steigt. Dort bleibt sie dann ein Weilchen. Diese tiefe Ruhe können wir nur zeitweise genießen, anders als die Dankbarkeit, die wir am Gepäckschalter mit aufgeben wollen, um sie auch weiterhin mit uns zu tragen.

Noch sind wir hier und ich schließe meine Augen und sehe, wie meine anfängliche Vorstellung, dieses Fantasiebild von mir als kerniger Erscheinung mit Fidibus am Ziel, kräftig aufleuchtet, bevor es dann leise flimmernd über den Weiten des Meeres immer schwächer wird, seine Farbe verliert, wie ein ver-

In Gedanken an die Erlebnisse

blassender Regenbogen, und schließlich ganz verschwindet. Ich öffne meine Augen. Oh, wie dankbar bin ich dafür, dass das mehr als eine Illusion war. Es ist das echte Ende eines glücklichen Abschnitts in meinem Leben.

EPILOG

Hier endet die Reise

Ich habe die Umstandshose gerade ordentlich zusammengefaltet und ganz nach hinten in meinen Kleiderschrank gedrückt, als mein Handy klingelt. „Mutti“ erscheint es auf dem Display. Ich nehme ab.
„Eure Räder sind da“, ertönt es von der anderen Seite.
„Klasse, danke, ich komme“, verspreche ich und lege auf.
Ja, das Thema Fahrradtransport kostete uns in den letzten Tagen in Constanța ordentlich Nerven, was mich kurzzeitig geärgert hat, da ich doch alles so beflissen geplant hatte. Von anderen Reisenden wusste ich, dass es in Rumäniens Schwarzmeerstadt eine Firma geben sollte, welche die Räder in deutsche Städte transportiert, während wir Reisenden entspannt Zug fahren und nach Hause fliegen können. Die Meinungen, ob es erlaubt sei, mit den Drahteseln auf Schienen nach Bukarest zu fahren, gingen nämlich auseinander. Nach dem Abwägen diverser Optionen erschien uns die mit der Transportfirma am besten, sodass ich vor meiner Abreise mit mehreren Telefonaten geklärt habe, wo, wann und wie wir die Räder in unserem Zielort abgeben können, damit sie von dort aus nach Berlin gefahren werden.
Dummerweise war die Route Constanța-Berlin einige Tage vor unserer Ankunft eingestellt worden. Eine barsche Mitarbeiterin, die etwas dagegen hatte, eine andere Sprache als ihre eigene zu sprechen, entwickelte sich zur Herausforderung für uns und garantiert auch umgekehrt, denn irgendwann wurde sie immer lauter, so als würde das die Chance erhöhen, dass wir plötzlich Rumänisch verstehen.

Ich kürze das Ganze einmal ab: Stundenlang irrten wir umher, erforschten andere Möglichkeiten, die Räder nach Hause zu bekommen, und lernten dabei äußerst hilfsbereite Einheimische kennen, die sich so lange um uns kümmerten, bis ein neuer Dienst, „Romfour", gefunden war, der für 30 Euro pro Rad direkt vor die Haustür lieferte.

Die Räder sind startklar für den Weg nach Deutschland

Ja, so haben wir am Ende noch einmal vielerlei erfahren: die Erinnerung daran, dass ein Plan nichts weiter als ein Plan sein kann, die Erkenntnis, dass mit fehlender Möglichkeit der Kommunikation Hilflosigkeit und Wut aufkeimen können, und das Wohlgefühl, was sich im Herzen breit macht, wenn andere für einen da sind.

Unbeschadet nehme ich die Räder entgegen und drücke auf die Reifen. Ich bin stolz auf meinen Fidibus. Er hat mich tatsächlich pannenfrei einmal quer durch Europa getragen. Die gute Arbeit meines Magdeburger Fahrradmechanikers Holger Pide und die unplattbaren Reifen haben ihr Versprechen gehalten, genauso wie Didier und Claudine, die mir schreiben, wo ihre Reise endete, leider nicht wie geplant am Schwarzen Meer, sondern aus privaten Gründen bereits in Belgrad. So ist aus dem Wiedersehen bedauerlicherweise nichts geworden. Während der Reise hätte ich schwören können, dass Cornelia meine französischen Eltern noch kennenlernen würde, aber das Universum hatte wohl andere Pläne …

Mady Host – Autorenporträt

Mady Host, geboren 1985, lebt in ihrer Heimatstadt Magdeburg. Die studierte Sozial- und Gesundheitsjournalistin bereist von ihrem „Basislager" aus die verschiedensten Länder – meistens ausgerüstet mit Rucksack, Zelt und festen Wanderschuhen oder in Begleitung ihres Fahrrades.
Ihr erstes Buch erschien im Jahr 2009. Seitdem veröffentlicht sie weitere Bücher, Podcast-Episoden, (Blog-)Artikel, Fotos und Videos über ihre Touren. „Mit dem Fahrrad vom Atlantik bis ans Schwarze Meer – Auf Glückssuche zwischen Frankreich und Rumänien" ist das siebte Buch der Autorin.

In den vergangenen Jahren hat Mady Host deutschlandweit in Cafés, Bars, Bibliotheken und bei Outdoorausrüstern von ihren Abenteuern berichtet. Sie zeigt in kurzweiligen Präsentationen Fotos und Videos ihrer Touren, erzählt von Land und Leuten. Mit ihrer abwechslungsreichen Vortragsgestaltung weckt sie das Fernweh der Zuhörerinnen und Zuhörer und lädt sie zu einer Auszeit vom Alltag ein; mady-host.de

Verwendete Literatur

bikeline Radtourenbuch Loire-Radweg – Verlag Esterbauer GmbH – 8. überarbeitete Auflage, Sommer 2018

bikeline Radtourenbuch EuroVelo 6 – Frankreich Ost – Verlag Esterbauer GmbH – 1. Auflage 2018

bikeline Radtourenbuch Donau-Radweg 1 – Verlag Esterbauer GmbH – 23. überarbeitete Auflage 2018
Mittlerweile ist eine neue Auflage erhältlich.

bikeline Radtourenbuch Donau-Radweg 2 – Verlag Esterbauer GmbH – 32. überarbeitete Auflage 2018

bikeline Radtourenbuch Donau-Radweg 3 – Verlag Esterbauer GmbH – 14. überarbeitete Auflage, Sommer 2018

bikeline Radtourenbuch Donau-Radweg 4 – Verlag Esterbauer GmbH – 3. überarbeitete Auflage, Sommer 2016

bikeline Radtourenbuch Donau-Radweg 5 – Verlag Esterbauer GmbH – 3. vollständig überarbeitete Auflage 2018

E-Book: Tal der Loire – Irene Martschukat DUMONT Reise-Taschenbuch – 5. aktualisierte Auflage 2018

HUBER KARTOGRAFIE – EuroVelo 6 Radkarte, 7 Karten

Videoverzeichnis